様子を描く
ことばの辞典

飯間浩明 著
252% 絵

ナツメ社

もくじ

第2部 折々の様子 202のことば

人生の場面の様子

季節・情景の様子

コラム

〈 スタッフ 〉

デザイン　林 真（vond°）
校正　株式会社 夢の本棚社
制作協力　鈴木愛
編集協力　株式会社KANADEL
編集担当　梅津愛美（ナツメ出版企画株式会社）

はじめに

手紙や日記、さらには小説など、出来事を記す文章で大切なことが2つあります。ひとつは、気持ちをうまく表すこと。もうひとつは、人やものごとなどの様子を的確に描くことです。

私は先に『気持ちを表すことばの辞典』を刊行し、ご好評をいただきました。そこで、次は様子を的確に描くために役立つ辞典を作りたいと考えました。それが本書です。

人やものの様子を描くというと、いろいろ凝った修飾語を加えることを考えがちです。でも、文章をやたらに飾る必要はありません。ちょっとした表現の蓄えがあればいいのです。たとえば、「余る」という表現も、在庫なら「だぶつく」、予算なら「浮く」と言い換えられる場合があります。そうした何気ない表現のヒントを提供することを、この辞典はねらっています。

具体的には、人や動物の様子、ものごとの状態、冠婚葬祭など人生の場面、そして四季の情景という4テーマに分け、918項目を収録しています。日常的なことばから、時にはやや硬い文章語、古風な語まで、バラエティーに富んだことばを集めました。普段はまず目にしないことばも、あえて加えました。日本語の豊かさを感じてください。

　先の『気持ちを表すことばの辞典』では、私は監修者と言いつつも、私自身の筆をかなり入れました。今回は著者として、すべての説明・例文を執筆しています。説明文を書くためには、独自の調査結果を多く取り入れました。また、例文は文学作品を含む大量の文章に基づき、自然な使い方を示すよう努めました。

　結果として、執筆に想定以上の時間を費やしました。その間、ずっと励ましてくださったナツメ出版企画の梅津《うめつ》愛美《まなみ》さん、編集スタッフの方々、そして、前回に続き愛らしいイラストを描いてくださった２５２％さんに、心より感謝いたします。

　この辞典は、実用に役立てていただくほか、気軽に開いて楽しんでいただくことを想定しています。本書を通じて、様子を描くことばとの新しい出会いがたくさんありますように。

飯間浩明

この本の使い方

⊙ 第一部は「人・動物の様子」「ものごとの様子」、第二部では「人生の場面の様子」「季節・情景の様子」を中心として、さまざまなテーマごとに様子を描くことばを紹介しています。

⊙ 1見開き1テーマで、通常8語のことばを紹介しています。それぞれに例文がついているので、微妙なニュアンスも理解できます。さまざまな場面設定があり、イメージも膨らみます。

⊙ 著者によるコラムでは、さまざまな角度からことばの魅力や不思議を伝えます。

⊙ 巻末には五十音さくいんがあり、知りたいことばから探すときに役立ちます。

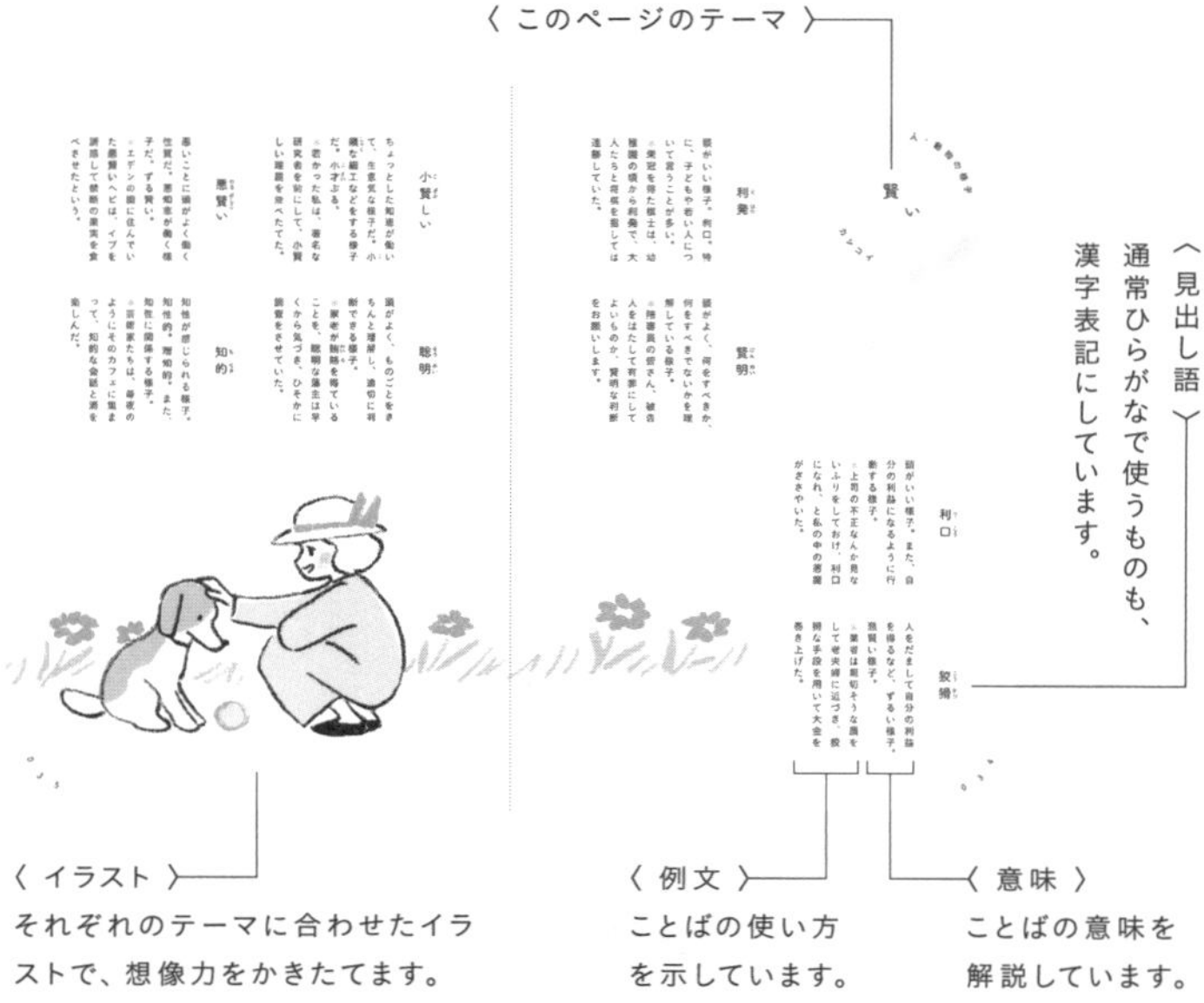
〈このページのテーマ〉
〈見出し語〉
通常ひらがなで使うものも、漢字表記にしています。
〈イラスト〉
それぞれのテーマに合わせたイラストで、想像力をかきたてます。
〈例文〉
ことばの使い方を示しています。
〈意味〉
ことばの意味を解説しています。

第1部

日常の様子

716のことば

人・動物の様子

優しい

ヤサシイ

もの柔《やわ》らか

態度や言葉などが穏やかな様子。「もの」は「どことなく」の意味。

＊緊張した顔つきの証人に、弁護士はゆっくりとしたもの柔らかな口調で問いかけた。

柔和《にゅうわ》

態度が優しくて穏やかな様子。「柔和い」と書いて「やさしい」「おとなしい」とも読んだ。

＊元外相は柔和な人柄で交渉相手を魅了し、多くの懸案を解決した。

温情《おんじょう》

相手に優しくする温かい心。「温情をかける」などの形で使う。

＊英語が赤点続きだったのに進級できたのは、まさしく先生の温情主義のおかげだった。

親切《しんせつ》

人のために、優しく何かをしてあげる様子。昔は「深切」とも書いた。

＊ベビーカーを押して電車に乗ろうとしたら、親切な中学生たちが手伝ってくれた。

温厚《おんこう》

心が温かく、性格が穏やかで、めったに怒らない様子。
＊ニュース番組の新しいキャスターは、知的で温厚な雰囲気が視聴者に信頼感を与えている。

慈悲深《じひぶか》い

人に優しくする気持ちが深い。「慈悲」は仏教語で、人々に対するあわれみのこと。
＊飢えて食べ物を盗んだ娘は、慈悲深い裁きによって罪が軽くなった。

情《じょう》に厚《あつ》い

困っている人を助ける、約束を果たすなど、相手のことを思いやって行動する性格だ。
＊店の経営が苦しくなっても、情に厚い店長は従業員を解雇しなかった。

懐《ふところ》が深《ふか》い

人の考えや行動などを、余裕を持って受け入れる性質だ。度量が広い。
＊チームリーダーには、メンバーからの批判的な意見にも耳を傾ける懐の深さが求められる。

人・動物の様子

かわいい

カワイイ

愛《あい》くるしい

子どもなどが、とてもかわいらしい。「くるしい」は「らしい」の意味。

＊自然公園で飼っているモルモットは、その愛くるしい仕草で来園者の人気を集めている。

キモかわいい

一見気持ち悪いが、よく見るとかわいい。「キモカワ」とも。１９９０年代末から使われる。

＊新しく決まったご当地キャラは、明らかにキモかわいさを狙っていた。

愛《あい》らしい

「かわいらしい」の、やや文章語的な言い方。可憐だ。愛すべきだ。

＊登校時にバスを待ちながら、路上に集まるスズメの愛らしい姿を眺めるのが楽しみだ。

いたいけ

守ってやるべき小さな子などが、心が痛くなるほどかわいらしい様子。「いたいけない」とも。

＊いたいけな子どもたちが戦争の犠牲になったことを思うと、胸が痛む。

いじらしい

子どもなどが精一杯努力する様子などが、かわいそうで、かわいらしい。

＊病気の親のため、往診を頼みに来た少女のいじらしさに、医師は心を打たれた。

あどけない

小さい子のように、悪い心を持たず、かわいらしい。無邪気だ。無心だ。

＊私の記憶の中で、初恋相手の少年は、いつまでも十歳のあどけない顔をしている。

愛《あい》に愛《あい》持《も》つ

女性・子どもなどが、かわいらしい。江戸時代に使われた表現。

＊道端で物を売る少女の愛に愛持つ姿を見て、侍は実の妹に違いないと確信した。

めんこい

東北・北海道地方で「かわいい」の意味で使う言葉。めごい。

＊子馬の頃から一生懸命育てた栗毛の馬が、実の子のようにめんこくてしかたがない。

人・動物の様子

美しい

ウツクシイ

眩《まばゆ》い

光り輝いて、目を開けていられないほどだ。目がくらむように美しい。

＊クリスマスのイルミネーションが青や白のまばゆい光を放ち、道行く人を楽しませている。

婀《あ》娜《だ》っぽい

見た目や身のこなしが、花街の女性らしくて（またはそれを思わせるようで）色っぽい。

＊江戸前の芸者さんたちが、あだっぽい着物姿で踊る舞台に魅了された。

艶《あで》やか

見た目が豪華で美しい様子だ。古くは「あてやか」と言った。

＊お姫様役の主演俳優が記者会見に出て、あでやかな伝統衣装を報道陣に披露した。

花《はな》も恥《はじ》じらう

美しい花でさえ恥ずかしくなるほどだ。女性が、若い美しさにあふれている様子の形容。

＊祖母が祖父と初めて会ったのは、花も恥じらう十九の乙女の頃だった。

麗《うるわ》しい

整った、または、気分が明るくなるような美しさがある。友情など心の美しさにも言う。

＊華道の先生から、水茎《みずぐき》（＝筆）の跡もうるわしいお手紙をいただいた。

端《たん》正《せい》

形が整っていて、美しい様子。顔立ちの場合は「端整」とも書く。

＊画家のアトリエには、端正な顔立ちのアンティークのフランス人形が飾ってあった。

優美《ゆうび》

上品で美しい様子。たおやかさや、しとやかさが感じられる様子。
＊飛行機の窓から見下ろすと、富士山が優美な円《えん》錐《すい》形の姿を夕日に輝かせていた。

器量良《きりょうよ》し

顔立ちが美しく生まれついていること。「美人」の古風な言い方。「器量」は顔立ちのこと。
＊糸屋の娘はその町一番の器量良しで、若い男たちの心を悩ませていた。

楽しい・面白い

人・動物の様子

タノシイ・オモシロイ

愛《あい》好《こう》

それが好きで、いつもそれに親しんだり、生活に取り入れたりすること。

＊日本に来てそばのおいしさに目覚めたF君は、和食を愛好する外国人のためのブログを始めた。

命《いのち》の洗《せん》濯《たく》

日頃の苦労を忘れ、気晴らしをすること。リフレッシュすること。

＊近場の温泉に、夫婦でたった一泊しただけだったが、二人で命の洗濯をすることができた。

快《かい》然《ぜん》

気分よく、喜んで何かをする様子。病気が軽快する様子にも言う。

＊大学への寄付を請われた資産家は、快然その申し出を承諾し、驚くような金額を差し出した。

交《こう》歓《かん》

お互いに楽しむこと。特に、普段会わない人などと一緒に楽しむこと。

＊高校生たちは修学旅行先のオーストラリアで、姉妹校の生徒たちと交歓する機会を持った。

話《はなし》が合《あ》う

趣味や考え方などが一致して、気兼ねなく、楽しく話ができる。

＊二人の議員は、所属する党こそ違ったが、ともに文学に関心が深く、不思議と話が合った。

歓《かん》を尽《つ》くす

一晩飲み明かしたり、色事にふけったりして、心ゆくまで楽しむこと。

＊久しぶりに会った同級生たちと何本もビールを傾けあって、にぎやかに一夕《いっせき》の歓を尽くした。

嬉々《きき》

うれしそうな様子。進んで何かをする様子。「喜々」とも書く。
＊学芸員は、縄文土器について質問をした小学生を相手に、嬉々として説明を始めた。

目《め》を肥《こ》やす

いろいろな種類の物を見て楽しむ。良し悪しの区別が分かるようになる。
＊フランスでは料理を修業するだけでなく、美術館で名画を見て目を肥やす日々を送った。

人・動物の様子

冷たい

ツメタイ

冷《れい》淡《たん》

ものごとや、相手の言動などに、たいした関心を示さない様子。

＊列車に乗り合わせたファンに、作家はひどく冷淡な態度を取り、サインをするのも断った。

突《つ》っ慳《けん》貪《どん》

相手への態度が無愛想で、言動が少し荒々しくさえある様子。

＊出版社に原稿を持ち込んできた少女に対し、編集者は終始つっけんどんな態度で応対した。

つれない

相手への反応が薄く、温かい同情を示さない。古くは「何気ない」の意味もあった。

＊同好会から部活動への昇格を申請したが、教師の反応はつれなかった。

余《よ》所《そ》余《よ》所《そ》しい

親しい感情を示さず、まるで他人のような様子だ。他人行儀だ。

＊五年ぶりに会ったというのに、旧友の態度は何だかひどくよそよそしく、私は再会を後悔した。

冷《ひ》ややか

興味や共感を示すことなく、冷たい態度や表情を見せる様子。

＊難関大学に行くと宣言した私に対し、周囲の人々はひどく冷ややかな視線を投げかけた。

白《しろ》い目《め》で見《み》る

共感を示さず、むしろ、うっすら敵意のこもった態度や目つきをする。

＊息子の病気のために早退したが、理解のない同僚から白い目で見られるのを感じた。

袖《そで》にする

他人の頼みや申し出をあっさり断る。好意を示してきた相手を振る。

＊新人選手は、日本のプロ野球界からの指名を袖にして、単身アメリカに渡った。

無《む》下《げ》に

話し合いの余地もなく、簡単に拒んだり、否定したりする様子。

＊世話になった先輩からの頼みを無下に断ることもできず、一万円だけ寄付することにした。

人・動物の様子

親切《シンセツ》

厚志《こうし》

相手の親切な気持ち。金品をもらったときなどにも使う。芳志。芳情。

＊このたびは結構なお祝いを賜りまして、ご厚志まことにありがたく、お礼申し上げます。

心尽《こころづ》くし

相手のことをいろいろ考えて親切にすること。また、そうして渡すもの。

＊中学受験で遅くまで勉強する娘のため、父親は心尽くしの夜食を部屋に運んだ。

懇情《こんじょう》

相手のことを何かと気にかける、親身な気持ち。厚情。硬い手紙文で使われる。

＊今後とも一層のご懇情をたまわりたく、伏してお願い申し上げます。

お言葉《ことば》に甘《あま》える

相手の親切な言葉に従う。本来は遠慮すべきだが、甘えて言うとおりにする、という謙遜。

＊昨夜はお言葉に甘えてすっかりごちそうになり、恐縮しております。

懇切《こんせつ》

細かいことまで、心を込めて説明したり、取り計らったりする様子。

＊ごみ処理場の必要性について、市の担当者は地元住民に懇切丁寧に説明し、理解を求めた。

親身《しんみ》

身内のように親切にしてあげる様子。古風な用法では、肉親の意味。

＊就職のことから個人的な悩みまで、ゼミの先輩は親身になって相談に乗ってくれた。

手《て》を取《と》る

そばについて、親切に指導をする。相手の手を持つようにして教える。

＊先生には大学院時代、論文の書き方から研究発表のしかたまで、手を取って教えてもらった。

手《て》厚《あつ》い

相手のための世話などが、行き届いた様子だ。もてなしが丁寧だ。

＊体の弱った子猫は、動物病院に連れて来られ、スタッフの手厚い看護を受けることになった。

人・動物の様子

にぎやか

ニギヤカ

さんざめく

ざわざわと声や音を立てる。さざめく。多くの星が輝く意味にも使う。

＊赤い灯《ひ》がきらめき、三味線の音がさんざめく色街を、若旦那はきょろきょろしながら歩いた。

笑《わら》いさざめく

楽しい雰囲気の中で、みんながざわざわと笑い声を立てる。

＊イタリア留学時代は、いつもカフェで友人たちと話に興じ、笑いさざめいていた。

お祭《まつ》り騒《さわ》ぎ

祭りの時の騒ぎ。また、それと同じように浮かれてにぎやかに騒ぐこと。

＊地元出身の選手が金メダルを取り、町中がひっくり返るようなお祭り騒ぎになった。

かしましい

音や声が、ひどくにぎやかだ。人々が好き勝手にうわさ話をする様子だ。
＊大スター同士の結婚披露宴が何億円かかったなどと、世間の人々はかしましくうわさした。

集《すだ》く

虫が集まってさかんに鳴く。古くは、生き物が単に集まること、集まって騒ぐことを言った。
＊誰もいない夜の神社には、ただ虫のすだく声が聞こえるばかりだった。

活《かっ》気《き》づく

元気や勢いが感じられるようになる。活気のある雰囲気が生まれる。
＊前半に先制のゴールを決めた後、チームは大いに活気づき、さらなる加点につながった。

多《た》彩《さい》

さまざまな色がある様子。さまざまな個性があってにぎやかな様子。
＊各界からの多彩なゲストに支えられ、そのトーク番組は数十年にわたって人気を保った。

がやがや

大勢の話し声や、いろいろな物音が聞こえて、にぎやかな様子。
＊仕事が終わった後、がやがやする居酒屋で、独り飲んだり食べたりするのが一番の楽しみだ。

人・動物の様子

うるさい

ウルサイ

口《くち》やかましい

人に教えたり、注意したりする言葉がしつこくて、わずらわしい。

＊職人の修業はまず身の回りの整理整頓からだと、親方から口やかましく教え込まれた。

乱《らん》がしい

やかましい。騒々しい。江戸時代の言葉。「乱《らん》がわしい」の変化。

＊正月、許されて酒を飲んだ奉公人たちは、次第に乱がしく歌ったり踊ったりしはじめた。

けたたましい

いきなり、びっくりするような大きな音や声が響く様子だ。

＊犯人が大金庫のある場所に忍び込んだところで、突然、けたたましい警報音が鳴り響いた。

ああだこうだ

自分の考えをいろいろと述べたり、口々に議論したりする様子。

＊次号の特集を何にするか、編集部全員でああだこうだと意見を出したが、まとまらなかった。

騒《さわ》がしい

音や声が大きくて、人の気持ちを落ち着かなくさせる様子だ。

＊窓辺で午後のコーヒーを飲んでいると、学校帰りの生徒たちの騒がしい声が聞こえてきた。

騒《そう》々《ぞう》しい

うるさく音や声を立てて、人の気持ちを騒がせる様子だ。騒がしい。

＊選挙戦が始まって以来、車道に面したこの部屋は、騒々しい選挙カーの音にさらされている。

囂《ごう》々《ごう》

人々の議論や非難がやかましい様子。「囂」は「やかましい」の意味。
＊問題発言をしたトップモデルは、世間のごうごうたる非難を受けて謝罪に追い込まれた。

かしがましい

うるさい。元は「かしかまし」で、「かまし」は「うるさい」の古語。
＊今年はウグイスの声が聞こえないと思ったが、山を歩くと、かしがましいまでに鳴いている。

イ・動物の様子

忙しい・暇がない

イソガシイ・イトマガナイ

多忙《たぼう》

することが多くて忙しい様子。「多忙を極める」などの形で使う。

＊そのシェフは多忙で一日中厨房《ちゅうぼう》に立っているはずなのに、お客が驚くほどの読書量を誇る。

暇《いとま》がない

時間がない。特に、あることをするのに忙しくて、ほかのことをする時間がない。

＊学生たちは夏を前に、教員採用試験の受験準備にいとまがない。

繁多《はんた》

用事がいろいろ多くて忙しい様子。日常的には「ご用繁多」の形で使うことが多い。

＊ご用繁多の折、恐れ入りますが、何とぞご指導を賜りたく存じます。

鞅掌《おうしょう》

仕事で忙しくすること。「鞅」は物をかつぐ、「掌」は捧げ持つという意味。硬い文章語。

＊参事官は職務に鞅掌する傍《かたわ》ら、近代の法制度に関する書物を出版した。

忙《ぼう》殺《さつ》

非常に忙しいこと。「殺」は強める言葉。「忙殺される」の形で使う。

＊細かい書類作成にばかり忙殺され、研究プロジェクトはいっこうに進まなかった。

多《た》用《よう》

用事が多いこと。日常的には「ご多用」の形で手紙に使うことが多い。

＊ご多用のところ恐れ入りますが、何とぞご臨席たまわりますよう、お願い申し上げます。

慌《あわ》ただしい

急いで慌てる気持ちがあって、動きが速く、落ち着かない様子だ。

＊すでに八時を過ぎていたので、慌ただしくスーツを着て、朝食も取らずに家を飛び出した。

席《せき》の暖《あたた》まる暇《いとま》もない

ゆっくり座っていられないほど忙しい。「暇」は「ひま」とも読む。

＊元会長は新会社設立のために駆けずり回って、席の暖まる暇もない忙しさだった。

人・動物の様子

暇がある《ヒマガアル》

片手間《かたてま》

何かほかのことをするついでの手間。本業をするかたわら。

＊会社勤めの片手間に書いたエッセーが評判になり、文筆業で食べていく決心をした。

手《て》が空《あ》く

当面の間、行うべき（手の）作業がなくなり、暇ができる。手がすく。

＊クラス劇の背景が描ききれないので、手が空いている人を集めて色を塗ってもらった。

体《からだ》が空《あ》く

当面の間、用事がなくなり、別のことをするための余裕ができる。

＊週末は体が空いていたので、友人たちに誘われるまま、ショッピングに同行した。

手隙《てすき》

仕事などの合間に、少し時間ができること。手紙などでは「お手すき」の形で相手に使う。

＊急ぎませんので、お手すきの際にご返信いただければ幸いです。

閑散《かんさん》

人の気配がなくて静かな様子。また、商売が暇になる様子。

＊うちの店は、繁忙期は食事の暇もないのに、閑散な時期は退屈するほど仕事がなくなる。

のどけし

気候・気持ちなどが穏やかだ。また、せわしくない気持ちだ。否定は「のどけからず」。古典語。

＊梅雨の前は、雨漏りに備えて修理に追われ、のどけからぬ心地がする。

閑《かん》日《じつ》月《げつ》

することがなく暇な月日。「閑日」（暇な一日）とも言う。硬い文章語。
＊政界を引退した老人は、今では郊外の別邸に隠居して、静かに閑日月を送っているという。

暇《ひま》が明《あ》く

暇になる。江戸時代の古風な言葉だが、今でも使われることがある。
＊仕事で福岡に行った際、少し暇が明いたので、タクシーで市内を観光することにした。

人・動物の様子

穏やか

オダヤカ

ゆるゆる

急がずゆっくりする様子。中世には「穏やか」の意味でも使われた。
＊わが殿様は心のゆるゆるとしたお方で、家来の申すことにも、とくと耳を傾けてくださる。

まったり

雰囲気がゆったりした様子。本来は関西方言で、コクがあって口の中に味わいが広がる様子。
＊いつもの三人と学食で昼ご飯を食べた後、しばらくまったり過ごした。

温《おん》良《りょう》

穏やかで素直な様子。中国の孔子は、温良で礼儀正しい人だったと「論語」に書かれている。
＊同窓会で会った先生は昔のままで、温良な笑顔は変わっていなかった。

円《えん》満《まん》

性格が穏やかで、にこにこしていて、他人に厳しく接しない様子。
＊医師はまだ若かったが、決して怒ることがない円満な人柄で、看護師たちに人望があった。

やんわり

物の言い方、接し方などが穏やかで、相手に刺激を与えない様子。

＊出演依頼されたＣＭの趣旨に共感できなかったため、タレントはやんわりと申し出を断った。

おっとり

育ちが良く、世の中のことに疎くて、性格が穏やかな様子。

＊この地方は気候に恵まれているためか、県民はおっとりしていて、争いを嫌う人が多い。

穏《おん》健《けん》

考え方や行動が極端でなく、穏やかで健全な様子。反対語は「過激」。

＊抵抗運動のリーダーは、決して暴力に訴えてはならないという穏健な思想の持ち主だった。

心《こころ》静《しず》か

何事があっても、気持ちを落ち着けて、波立たせない様子。

＊世の中は戦時色が濃くなってきたが、画家は心静かに、ひたすら作品を描いていた。

上手《ジョウズ》・下手《ヘタ》

熟練《じゅくれん》

訓練や作業を繰り返してうまくなること。また、うまくなった様子。

＊熟練したピアニストは、考えるよりも先に指が動いて、正しいキーをたたくことができる。

巧《たく》み

手先や言葉、知恵などを使う技術が高い様子。計略など、悪いことがうまい場合にも言う。

＊ピッチャーは、力強い速球と緩慢な変化球とを巧みに投げ分けた。

操《あやつ》る

上手に使う。思い通りに動かす。人形につけた糸を、陰で手で引いて動かす場合にも言う。

＊紙切り芸人は見事にハサミを操り、美しい藤娘の姿を作りあげた。

達者《たっしゃ》

あることをする技術が優れている様子。また、できばえなどが優れている様子。上手《じょうず》。

＊知人のドイツ人は日本文化に詳しく、達者な筆文字で年賀状をくれる。

空下手《からへた》

まったくの下手。能力や技術が決定的に欠けている様子。「からっぺた」と言うことが多い。

＊昔から商売はから下手で、何を売っても成功したことがない。

大根役者《だいこんやくしゃ》

演技の下手な役者。大根は白いので「しろうと」を意味するとも言うが、語源は確かでない。

＊三十年前の大根役者がいつの間にか日本を代表する名優になっていた。

雪隠浄瑠璃《せっちんじょうるり》

便所で語るしかない、下手な浄瑠璃（語り物の一種）。「雪隠」は便所。

＊ご隠居が趣味にしている浪曲は、まさしく雪隠浄瑠璃で、ひどくて誰も聴きたがらない。

拙《つたな》い

素人や子どものような技術しかない。作品などの水準が低い。下手だ。

＊初めての海外旅行では、つたない英語で買い物をしたが、けっこう通じてうれしかった。

人・動物の様子

賢い

カシコイ

利《り》口《こう》

頭がいい様子。また、自分の利益になるように行動する様子。

＊上司の不正なんか見ないふりをしておけ、利口になれ、と私の中の悪魔がささやいた。

狡《こう》猾《かつ》

人をだまして自分の利益を得るなど、ずるい様子。悪賢い様子。

＊業者は親切そうな顔をして老夫婦に近づき、狡猾な手段を用いて大金を巻き上げた。

利《り》発《はつ》

頭がいい様子。利口。特に、子どもや若い人について言うことが多い。

＊栄冠を得た棋士は、幼稚園の頃から利発で、大人たちと将棋を指しては連勝していた。

賢《けん》明《めい》

頭がよく、何をすべきか、何をすべきでないかを理解している様子。

＊陪審員の皆さん、被告人をはたして有罪にしてよいものか、賢明な判断をお願いします。

小賢《こざか》しい

ちょっとした知恵が働いて、生意気な様子だ。小《こ》癪《しゃく》な細工などをする様子だ。小才《こさい》ぶる。
＊若かった私は、著名な研究者を前にして、小賢しい理屈を並べたてた。

悪賢《わるがしこ》い

悪いことに頭がよく働く性質だ。悪知恵が働く様子だ。ずる賢い。
＊エデンの園に住んでいた悪賢いヘビは、イブを誘惑して禁断の果実を食べさせたという。

聡明《そうめい》

頭がよく、ものごとをきちんと理解し、適切に判断できる様子。
＊家老が賄賂《わいろ》を得ていることを、聡明な藩主は早くから気づき、ひそかに調査をさせていた。

知的《ちてき》

知性が感じられる様子。知性的。理知的。また、知性に関係する様子。
＊芸術家たちは、毎夜のようにそのカフェに集まって、知的な会話と酒を楽しんだ。

明るい

アカルイ

朗《ほが》らか

気持ちが晴れ晴れとして前向きで、表情もにこにこしている様子。
＊テニスの全国大会で優勝した選手は、朗らかな表情で、今の喜びと関係者への感謝を述べた。

愛敬《あいきょう》

顔立ちや表情、しぐさなどに表れるかわいらしさ。「愛嬌」とも書く。
＊イタチの仲間のフェレットが、部屋をちょろちょろ動き回り、お客に愛敬を振りまいていた。

にこやか

にこにこと穏やかに笑っていて、明るく、愛想がいい様子。
＊行きつけのイタリア料理店では、陽気なシェフがいつもにこやかな笑顔で迎えてくれる。

愛想《あいそ》

にこにこして感じがいい表情や態度。あいそう。「愛敬」と同様「〜を振りまく」の形で使える。
＊文化祭で屋台を出した生徒たちが、通行人に愛想を振りまいている。

快活《かいかつ》

ものごとにこだわらず、明るく元気にあふれ、よく笑う様子。
＊学生時代の友人と久しぶりに会い、当時の快活な気分に戻っておしゃべりをした。

明朗《めいろう》

性格や気持ちが、明るく朗らかで、後ろ暗いところがない様子。
＊転校して来た少女は明朗快活で、誰ともよく話し、たちまちクラスの人気者になった。

にっこり

その瞬間、ほほ笑む様子。ぱっとうれしそうな表情をする様子。

＊それまで無愛想にしていたモデルは、カメラを向けられた途端、にっこりと笑った。

楽《らく》天《てん》的《てき》

今後のことは何とかなると考えて、くよくよせず、朗らかな様子。

＊ルームシェアをしている友人は楽天的で、こだわらない性格なので、精神的に助けられている。

暗い

クライ

どんより

濁った様子や、雨が降り出しそうな曇り空の様子。また、それを思わせる暗い気持ち。

＊陰鬱な梅雨空を眺めていると、自分の気持ちまでどんよりしてくる。

暗鬱《あんうつ》

暗くて憂鬱に感じられる様子。そのような気持ちにも使う。陰鬱。

＊日のほとんど差さない暗鬱な森の茂みの中で、兵士たちは出口を求めてさまよった。

内向《ないこう》

気持ちを内側に向けること。自分の内側に閉じこもること。また、国内だけに関心を向けること。

＊相談者の男性は、恋愛に失敗したやりきれなさを暗く内向させていた。

辛《しん》気《き》臭《くさ》い

雰囲気が暗く、退屈でつまらない感じだ。元は関西の言い方。

＊シャッター通りを歩きつつ、この街は寂れるしかないのかと、辛気くさいことを考えてしまう。

陰《いん》性《せい》

暗くて消極的な性質。ものごとを悪く考える性質。反対語は「陽性」。

＊見合いの相手は、礼儀正しいが、陰性でおびえたようなところがあって、話は弾まなかった。

陰《いん》に籠《こ》もる

はっきり表に出ず、暗い感じがする。また、音が暗く、くぐもる。

＊夜は更けてゆき、遠くの寺で打つ鐘が、陰にこもったぞっとするような音を響かせた。

陰《いん》気《き》臭《くさ》い

見るからに、聞くからに陰気な感じだ。雰囲気が暗くて嫌な感じだ。

＊生物学の講師は、うつむいて話し、陰気くさい印象を受けるが、講義は意外と分かりやすい。

不《ふ》景《けい》気《き》な顔《かお》

いいことがなくて、暗くさえない顔つき。元気がない表情。

＊新年早々、売り上げが落ちたとかで、知り合いの町工場の社長は不景気な顔をしている。

不快

フカイ

苦《にが》り切《き》る

これ以上ないほど不愉快そうな表情をする。非常に苦々しい顔をする。
＊酒場でサッカーの試合を見ていたファンたちは、負けが決まった瞬間、苦り切った顔をした。

気《き》不《ま》味《ず》い

お互いに嫌なことがあったりして、すっきりと接することができない。
＊著者に取材中、話に出た作品をまだ読んでいないことを知られ、気まずい雰囲気になった。

いい気《き》持《も》ちはしない

「嫌な気持ちがする」を婉曲《えんきょく》に言った表現。とても嫌な場合にも言う。
＊出演シーンをカットされた俳優は、同意はしたものの、決していい気持ちはしなかった。

苦虫《にがむし》を噛《か》み潰《つぶ》したよう

非常に不愉快そうな表情のたとえ。苦虫を食いつぶしたよう。
＊株価の急落を見て、電光掲示板の前の投資家たちは苦虫をかみつぶしたような顔をしている。

心中《しんちゅう》穏《おだ》やかではない

心の中で、怒りや不安、嫉妬《しっと》などが渦巻いている状態だ。婉曲な表現。
＊妻あてに来た手紙の差出人が見知らぬ男性だったため、夫は心中穏やかではなかった。

「気持ち」のことばと「様子」のことば

物事を形容することばは、大きく2つに分けられます。「気持ちを表すことば」「様子を描くことば」の2つです。この違いを頭に入れておくと、効果的な表現に役立ちます。

「気持ちを表すことば」は、きわめて主観的なことばです。「うれしい」「恐ろしい」「不愉快だ」「ほっとした」など、他人からはうかがい知れない、自分の内面を表現します。本書の姉妹版『気持ちを表すことばの辞典』には、この種のことばを中心に集めました。

一方、「様子を描くことば」は、自分の内面以外の物事を表現します。特に、目や耳などで観察し、客観的に描写することばが多く含まれます。山が「高い」、数が「多い」、犬が「歩く」、赤ちゃんが「泣く」など。富士山が「高い」ということは多くの人が認めるでしょうから、客観性が強いことばと言えます。

ただし、物事の様子を描きつつ、そこに主観を交えていることばも少なくありません。夕焼けが「美しい」、ごはんが「おいしい」、行動が「愚かだ」、服が「似合う」など。そう思うかどうかはその人次第です。つまり、その人自身の評価が入っているので、これらを「評価のことば」と言うこともあります。

本書では、「高い」などの客観性の強いことばと、「美しい」などの評価のことばを合わせて、「様子を描くことば」と呼びます。どれも五感を通して物事の様子を捉える点では共通しますが、そこにはさまざまなことばが含まれます。その多様さを楽しんでください。

丈夫

ジョウブ

偉《い》丈《じょう》夫《ふ》

大きくて立派な体格の男性。人物・才能の優れた男性のことも言う。
＊寮で同室になった学生は、剣道五段、身長五尺八寸（＝約百七十六センチ）の偉丈夫だ。

強《きょう》健《けん》

体力があって健康な様子。「身体強健」「気力強健」などと使う。
＊本校の目標は、強健な身体と精神を持ち、思考力と想像力に富んだ生徒を育てることだ。

頑《がん》丈《じょう》

身体や建物などが、丈夫で、少々のことでは損なわれない様子。
＊現金輸送車に同乗した二人の警備員は、どちらも背が高く頑丈な体格をしていた。

強《きょう》壮《そう》

身体が強く丈夫で、力に満ちている様子。「壮」は丈夫な様子を言う。
＊患者は体を強壮にするというドリンク剤を自分で飲んでいたが、効き目はなさそうだった。

頭《かしら》堅《かた》し

身体が丈夫で健康だ。「栄花物語」などの古典に出てくる言葉。
＊若君は、この先も頭堅くありさえすれば、必ずや優れた君主になられるであろう。

息《そく》災《さい》

大した病気もせず、健康に暮らしている様子。古風な言葉。
＊その後お変わりございませんか。私ども家族は、おかげさまで息災に過ごしております。

がっちり

体つきなどが頑丈な様子。「がっしり」よりも強い感じを伴う。
＊コンサートマスターが握手した指揮者の手は、がっちりして、力に満ちあふれていた。

健《すこ》やか

大きな病気もせず、心身に不調もなく、元気に暮らしている様子。
＊あの日、緊急の帝王切開で生まれた赤ちゃんは、その後、健やかに成長しているそうだ。

人・動物の様子

危ない

アブナイ

際《きわ》どい

危険な状況になるかどうかの、瀬戸際のところにある様子だ。

＊若い経営者は、借金を返済するため、詐欺すれすれのきわどい商売にも手を出した。

不《ふ》穏《おん》

争いや騒動、犯罪などが起こりそうで、穏やかでない様子。

＊明らかなセクハラ発言をくり返すコーチの下《もと》、チーム内には不穏な空気がみなぎっていた。

九《きゅう》死《し》

ほとんど死にそうな、危険な状況。九割方は助からない状況。

＊建設現場で心臓発作を起こした作業員は、同僚の適切な救命処置により九死に一生を得た。

剣《けん》が峰《みね》

そこで持ちこたえなければならない、きわどい局面。噴火口の周辺のぎざぎざした峰から。

＊与党内に反発もあるなかで、首相の行政改革は剣が峰に差しかかった。

危《あや》うい

うまく行くかどうか、または、無事ですむかどうか保証がない状態だ。
＊高校に入学して以来、遊んでばかりいたので、ついに大学合格が危うくなってきた。

剣《けん》呑《のん》

危険な様子。やらない、関わらないほうがいい様子。古風な言葉。
＊エレベーターの中で上司のうわさをするなんて剣呑な話だ。誰から伝わるか分からないよ。

絶《ぜっ》体《たい》絶《ぜつ》命《めい》

すべて運が尽きた状況。占いでは「絶体」も「絶命」も最悪の状態。
＊小売りからの注文がぱったり途絶え、ショップマネージャーは絶体絶命のピンチに立たされた。

危《き》機《き》一《いっ》髪《ぱつ》

髪一本の太さほどの近い距離に危険が迫った状況。何とか逃れた場合に使うことが多い。
＊強風で看板が飛んできたが、危機一髪のところでよけることができた。

痛い

イタイ

疼痛《とうつう》

「疼」は「うずく」。ずきずきと絶え間なく感じる、鈍い痛み。また、そのように痛むこと。
＊夜勤明けで寝不足のせいか、頭の芯にぼんやりとした疼痛を感じた。

ぴりぴり

傷口にからしを塗ったときのように、刺激的な痛みが走る様子。
＊ピアニストは風邪を押してステージに立ったが、鍵盤をさわると指がぴりぴりするのを感じた。

激痛《げきつう》

激しい痛み。耐えきれないほどの強い痛み。「激痛が走る」などと使う。
＊電車が揺れた途端、隣に立っていた人の杖《つえ》が私の足に乗り、不意の激痛に見舞われた。

きりきり

まるで錐《きり》を突き立てられたように、胸・腹などが鋭く痛む様子。
＊準備は万全のはずだったが、面接の順番が近づくにつれ、私の胃はきりきりと痛み出した。

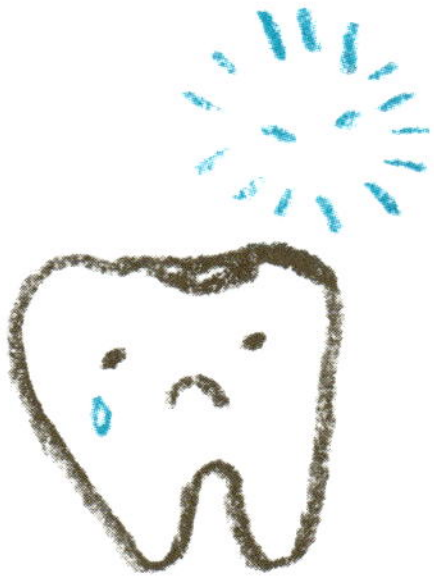

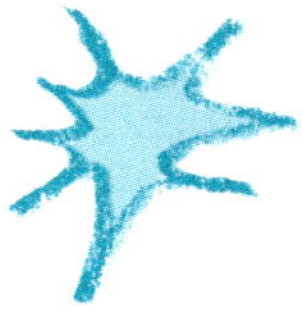

鈍痛《どんつう》

鈍い痛み。ぼんやりした痛み。痛みの程度が上がると激痛になる。
＊意識が戻った刑事は、後頭部に鈍痛を感じた。手を触れてみると、こぶができていた。

ちくり

針で刺されたときなどの、瞬間的な鋭い痛みの様子。また、瞬間的に刺す様子。
＊幼稚園の庭でハチにちくりと刺された園児に、先生はまず冷たいタオルを当てた。

ずきずき

鈍い痛みが、脈を打つように、繰り返し感じられる様子。
＊一日農作業を手伝って軽い熱中症になったらしく、こめかみのあたりがずきずき痛んだ。

ひりひり

やけどしたり、からしを塗ったりしたときのように、表面が痛む様子。
＊中学生は生え始めたばかりのひげを慎重にそっていたが、その後ひりひりする痛みに悩んだ。

真面目《マジメ》

真摯《しんし》

相手や物事に対して、うそや冗談を交えることなく、心をこめた態度をとる様子。

＊娘の連れて来た青年の真摯な態度に打たれ、父親は結婚を許した。

謹厳《きんげん》

道徳的に厳しく、悪いことや不真面目なことを少しも許さない様子。

＊ドイツ留学中に教えを受けたM先生は、謹厳だが情にもろい女性で、私は心から尊敬していた。

糞真面目《くそまじめ》

度を超して真面目な様子。おかしく思われるほど真面目な様子。

＊バンドリーダーは、大学の授業に休まず出席するという、くそ真面目な一面もあった。

四角四面《しかくしめん》

真面目すぎて、物事を型どおりに捉え、柔軟に考えられない様子。

＊図書館に漫画を入れてほしいという要望に対し、担当者は四角四面な態度を崩さなかった。

真面目《まじめ》腐《くさ》る

非常に真面目そうな態度をとる。いかにも真面目な様子を見せる。

＊仕事で大切なことを聞かれた新入社員は、「信頼を得ることです」と真面目くさって答えた。

質実《しつじつ》

飾らず真面目な様子。「剛健」(心がしっかりした様子)とあわせて「質実剛健」と言う。

＊若い陶芸家の新しい作品には、装飾を排した質実な美しさがあった。

生真面目《きまじめ》

純粋な真面目さが感じられる様子。「生」は、混じり気がないこと。

＊毎日の練習が大切だと先輩に言われ、一年生たちは生真面目にトレーニングに励んでいる。

鹿《しか》爪《つめ》らしい

表情・動作などを、もったいぶって真面目そうに見せている様子だ。

＊二十歳の集いに呼ばれた政治家は、若者たちを前に、しかつめらしく人生訓を説いていた。

熱心《ネッシン》

勤《いそ》しむ

仕事や作業など、一つのことに一生懸命になる。「いそ」は「急ぐ」の「いそ」と同語源。

＊ジムに集う人々は、思い思いの方法でトレーニングに勤しんでいる。

熱《ねつ》を入《い》れる

一つのことを、熱意を持って行う。本気になる。情熱を注ぐ。

＊スピードスケートの決勝を控え、選手たちはリンク上で最後の練習に熱を入れていた。

居《い》立《た》つ

「居る」は座る意味。座ったり立ったりして熱心に世話を焼くこと。古典に出てくる言葉。

＊皇太子の元服に際し、帝はみずから居立ち、世話をされるのだった。

芸《げい》の虫《むし》

ほかのことを顧みないほど、芸の道に熱心に打ち込んでいる人。

＊主演俳優は、役柄以外では恋愛や遊びに目もくれない、根っからの芸の虫だった。

鵜《う》の目《め》鷹《たか》の目《め》

鳥のウやタカのように、目的のものを何とか見つけようと、神経を集中し、熱心になる様子。

＊投資ファンドが、値上がりしそうな商品を鵜の目鷹の目で探していた。

誠《せい》意《い》

相手のことを第一として、一生懸命に、真面目に考える気持ち。

＊恋人の親に結婚を認めてもらうため、青年は借金をすべて返し、誠意のあるところを見せた。

がむしゃら

目的を達成するため、考えるよりも先に、力に任せて無茶苦茶に進んでいく様子。

＊競争の激しい広告業界で、自分を信じ、がむしゃらに働いてきた。

精《せい》を出《だ》す

仕事や作業をするため、気力を出す。精力を傾ける。「精出す」とも。

＊村一番の頑固者の鍛冶屋は、朝から夜まで少しも休むことなく、仕事に精を出している。

詳しい

クワシイ

事《こと》細《こま》か

説明などが、細かい部分にまでいちいち触れている様子。詳細。

＊切れ者のスパイがまとめた報告書には、敵国の政権の弱点が事細かに記されていた。

細《さい》事《じ》

わざわざ言ったり、考えたりしなくていいような細かいこと。

＊新しい支店長は、豪快な性格で、細事にこだわらず、どこか悟ったようなところがあった。

具《つぶさ》に

観察・説明などが詳しく、具体的な様子。古代には「まつぶさに」とも。

＊台風の直撃を受けた住民は、被害状況や避難生活の様子を記者に対してつぶさに語った。

詳《つまびら》か

詳しい様子。特に、自分がそのことについてよく知っている様子。

＊夫がなぜ友人の謝罪を受け入れる気になったのか、その理由を私はつまびらかにしない。

子細《しさい》

念入りで詳しい様子。また、詳しい事情。「仔細」とも書く。
＊学生が書いたレポートは、子細に見ると文体が不自然で、ネットの文章のコピペが疑われた。

詳報《しょうほう》

詳しい知らせ。特に、簡単な第一報があった後に伝えられる詳細な情報。
＊好きだった俳優が起こした事件の詳報が週刊誌に載っていたので、思わず買ってしまった。

明細《めいさい》

はっきりして詳しい様子。現在は、金銭の授受などの内訳を書いた書類を指すことが多い。
＊少女は初めて老人から囲碁を教わった日のことを明細に記憶していた。

詳密《しょうみつ》

詳しくて念が入っていること。研究・文章の書き方などに言うことが多い。硬い文章語。
＊若くして亡くなったその研究者は、詳密な論考を多く残していた。

人・動物の様子

うれしい・悲しい

ウレシイ・カナシイ

欣《きん》快《かい》

愉快な出来事に接して、喜ばしく感じる様子。挨拶文でも使う。

＊遠路はるばるお越しくださった皆様をお迎えすることができ、まことに欣快の至りです。

万《ばん》歳《ざい》

喜びやお祝いの気持ちを表すために叫ぶ言葉。本来は、長生きして栄えることを指した。

＊母校のバスケ部が優勝したとのニュースを聞き、思わず万歳を叫んだ。

哀《あい》感《かん》

悲哀の感じ。本人の主観というより、外から見て悲しさが漂う感じ。

＊受賞作は庶民の生活を優しさを込めて描き、文章にしみじみとした哀感が漂っている。

哀情《あいじょう》

悲しみの気持ち。人と別れたり、さびしい風景を見たりしたときの切なさ。
＊旧友との再会は楽しかったが、歓楽が極まった後に、何とも言えない哀情がこみ上げてきた。

快報《かいほう》

うれしい知らせ。喜ぶべきニュース。硬い文章語で、手紙にも使う。
＊無事女の子をご出産のよし、おめでとうございます。快報に接し、家族一同喜んでおります。

哀切《あいせつ》

心が痛むように悲しい様子。音楽や詩、文章などに使うことが多い。
＊夜の街角で演奏されるサクソフォンの哀切な響きが、通りすがりの私の心にも染み入った。

歓心《かんしん》

物をあげたり、機嫌を取ったりして得る、相手の喜ぶ気持ち。
＊代議士を出迎えた役場の担当者は、まるで歓心を買おうとするかのようにお世辞を連発した。

情《なさ》けない

物事が期待どおりに行かなかったりして、落胆して言葉にならない。
＊数キロ歩いただけで、かなりくたびれてしまい、ここまで体力の落ちた自分が情けなかった。

人・動物の様子

恥ずかしい

ハズカシイ

赤《せき》面《めん》

恥ずかしくて、顔が真っ赤になる。実際に赤くならなくても使う。

＊新人の頃は、仕事相手にタメ口混じりで話すこともあり、今思い返すと赤面するしかない。

肩《かた》を竦《すく》める

寒さ・申し訳なさ・恥ずかしさなどで、両肩を上げる。欧米では、あきれたときの仕草。

＊原稿のミスを指摘され、ひたすら肩をすくめて恥じ入るしかなかった。

居《い》た堪《たま》れない

恥ずかしくて、その場にいられない。「いることがたまらない」の意味。

＊本番での失敗を審査員に厳しく指摘され、漫才コンビはその場にいたたまれなかった。

頭《あたま》を掻《か》く

少し失敗したり、きまりが悪かったりして、頭を手でかくようにする。

＊服のコーディネートを褒められた男性は「全部妻の見立てなんです」と頭をかいた。

座《ざ》に堪《た》えない

恥ずかしかったり、体が悪かったりして、じっとその場にい続けることができない。

＊成人後も、人前ではどきどきして、長く座に堪えないありさまだ。

薄《うす》恥《はじ》

ふとしたことで経験する、ちょっとした恥。「平家物語」にある言葉。

＊僧たちは上等の絹をもらえると期待していたが、なかにはもらえずに薄恥をかいた者もいた。

生《い》き恥《はじ》を曝《さら》す

死んで当然なのに、生き長らえて恥をかく。命を軽んじた表現。

＊兵士たちは、捕虜になることは生き恥をさらすことだと考えたが、最終的には投降した。

おめおめ

最初の目的を遂げられないまま、ぶざまな姿をさらす様子。

＊渦中のタレントに談話をもらえないまま、おめおめと編集部に帰るわけにもいかない。

人・動物の様子

つまらない

ツマラナイ

訳《わけ》もない

実行するのに、何の面倒もない。簡単にできる。また、理由もない。

＊料理のレシピを教えてあげるのは訳もないけれど、まずは自分で工夫してみなさい。

取《と》るに足《た》りない

わざわざ取り上げる価値がない。重要だと考える必要がない。

＊コンテストの主催者は、私の取るに足りない過去を問題視して、あくまで参加を拒否した。

口《くち》寂《さび》しい

あめ玉・タバコなど、口に入れるものが何もなくてさびしい。

＊夕食の時間になるまで口寂しいだろうからと、祖母がパイナップルのあめをくれた。

瑣《さ》末《まつ》

どうでもいいほど細かい様子。「瑣」も「末」も細かいという意味。

＊環境問題に関する国会の議論は、瑣末な部分をめぐって紛糾し、いっこうに進展しなかった。

有《う》象《ぞう》無《む》象《ぞう》

地位も実力もなく、軽く扱われる大勢の人々。今で言うモブキャラ。元は仏教語「有《う》相《そう》無《む》相《そう》」。

＊俺は、お前らのような有象無象は相手にしない。親分を出してくれ。

味《あじ》も素《そ》っ気《け》もない

形だけはきちんとしていても、何の面白みも、うるおいもない。

＊友人に写真を撮ってもらったところ、味も素っ気もない証明写真みたいなものになった。

滑《すべ》ったの転《ころ》んだの

つまらないことを話題にする様子。「Aが滑ったの、Bが転んだの」の形でも使う。
＊芸能人が滑ったの転んだのと、よくまあ、うわさ話が尽きないものだ。

身《み》も蓋《ふた》もない

はっきりさせないほうがいいことをさらけ出し、何の飾り気もない。
＊このメニューは人気がないので値下げをしたと、店主は身もふたもない説明をした。

人・動物の様子

自由

ジユウ

羽《はね》を伸《の》ばす

制約から逃れて、自由に行動する。勝手気ままに好きなことをする。

＊休みの日になると、いつも一人だけで近場のキャンプ場に行って羽を伸ばしている。

事《こと》適《かな》う

願ったとおりになる。心配事もなく暮らせる。古典にある言葉。

＊友人は夫に恵まれ、事適って暮らしているようだったが、いつしか音信が絶えてしまった。

思《おも》い通《どお》り

希望や予想がそのまま実現される様子。自分の思うとおり。

＊勤務先の病院では、国立大卒のグループが思いどおりにふるまっていて、いささか目に余る。

意《い》のまま

物事や人を操って、自分の思うとおりにできる様子。思いのまま。

＊大臣一派は国王を手玉に取って、国の政治を自分たちの意のままに動かしていた。

自《じ》由《ゆう》自《じ》在《ざい》

どんな状況になっても、自分の思いどおりにできる様子。

＊受験勉強は万全で、入試でどんな問題が出ようと、自由自在に答えられる自信があった。

縦《じゅう》横《おう》無《む》尽《じん》

思いどおりに、どこへも行けるし、何でもできる様子。自由自在。

＊ハンドボール部の選手たちは、コートを縦横無尽に駆け回り、次々にシュートを決めた。

随《ずい》意《い》

自分の意のまま。「随」は「まにまに」と読み、「まま」の意味。

＊このお金はあなたのですから、商売に使うなり、博打《ばくち》に使うなり、ご随意になさってください。

任《にん》意《い》

心に任せること。自分で望んでですること。また、いろいろある中から一つを自由に選ぶこと。

＊このタイムマシンで、任意の時代や場所に移動することができる。

人・動物の様子

不自由

フジユウ

足《あ》掻《が》きが取《と》れない

制約にとらわれて、自由に行動できない。動きが取れない。

＊資金を借りる当てがなくなり、会社を続けたくても、どうにもあがきが取れなくなった。

足《あし》枷《かせ》

行動を制約する要素。自由をはばむもの。元は、罪人の足にはめる道具。

＊大手メーカーは、老舗《しにせ》の看板が足かせとなって、意欲的な新規事業を打ち出せないでいる。

足《あし》手《で》纏《まと》い

いろいろ面倒を見てやらなければならず、自由な行動のじゃまになる人。

＊先輩の取材に同行を希望したが、足手まといになるからと、連れて行ってもらえなかった。

縛《しば》り付《つ》ける

人をある場所や立場に押しとどめ、自由に行動させないようにする。

＊実家に縛りつけられるのが嫌だったので、高校を卒業すると、そのままイギリスに留学した。

雁字搦《がんじがら》め

いろいろな制約にとらわれて、まったく身動きできなくなること。
＊自治体では新しいサービスを始めようとしたが、がんじがらめの規制を突破できなかった。

自縄自縛《じじょうじばく》

自分で自分の言動をしばり、苦しむこと。自分の縄で自分を縛ること。
＊予算内で商品を開発すると言った手前、今さら増額も要求できず、自縄自縛に陥っている。

不便《ふべん》

便利でない様子。思いどおりにできる仕組みではない様子。
＊色やデザインがよくても、ポケットがついていない服は、私にとっては不便に感じられる。

居辛《いづら》い

そこにいると、気詰まりだったりしてつらい。いたたまれない。
＊課長は上司に対してもはっきり物を言うが、職場にいづらい様子もないのは人柄のせいか。

人・動物の様子

都合がいい

ツゴウガイイ

いい目《め》が出《で》る

サイコロでちょうどいい目が出るように、運が向いてくる。

＊木彫りの大黒さまを飾っておいたせいか、客もだんだんと増え、うちの店もいい目が出てきた。

折《おり》よく

何かをするにあたって、ちょうど都合よく。いいタイミングで。

＊雨が降り始めたと思ったら、折よくタクシーが通ったので、そのまま乗って帰ってきた。

お手《て》盛《も》り

自分の茶わんにごはんを盛るように、好きなように取り計らうこと。

＊文学賞の受賞者は選考委員たちの仲間なので、お手盛り選考ではないかと指摘されている。

一《いっ》方《ぽう》的《てき》

自分の側だけに都合がいい様子。また、自分勝手に行う様子。

＊ボクサーは序盤から鋭いフックを放ち、徐々に試合を一方的な展開に持ち込んでいった。

渡《わた》りに船《ふね》

ちょうど必要としていたときに、都合のいいことが起こった状況。

＊販路を広げたい経営者は、コラボグッズの提案を受け、まさに渡りに船と喜んで承諾した。

これ幸《さいわ》いと

これはちょうどよかったと、機会をうまく利用する様子。

＊大学の講義が休みになったので、これ幸いと、公開されたばかりの映画を見に行った。

虫《むし》がいい

物事を自分中心に考える様子だ。自分勝手でずうずうしい。
＊学生から単位がほしいとのメールをもらったが、ろくに出席もしていないのに虫がいい話だ。

首尾《しゅび》よく

物事がうまく運んで。うまい具合に。「首尾」は、ここでは経過や結果。
＊敵方に捕まった偵察兵は、見張りをうまくだまして、首尾よく脱出することができた。

人・動物の様子

都合が悪い

ツゴウガワルイ

生憎《あいにく》

うまくいく条件が整っていない様子。たまたま都合が悪い様子。

＊本を借りに隣町の図書館まで行ったが、あいにく臨時休館だったので、手ぶらで帰ってきた。

折悪《おりあ》しく

ちょうどいい時ではなくて。タイミングが悪くて。「折」は時期の意味。

＊相談があって叔父の家を訪ねたが、折悪しく来客中で、結局言い出せずに終わった。

あるまじき

その立場として、あってはならない。そうするのが不都合な。

＊利益ばかりを追い求めて、社会的な責任を放棄するのは、企業としてあるまじき姿だ。

裏目《うらめ》に出《で》る

自分にとっていい結果をねらったのに、かえって悪い結果になる。

＊会見でひたすら謝罪だけをくり返す社長の戦術は、記者団の反感を買い、完全に裏目に出た。

棚《たな》に上《あ》げる

人を批判するときなどに、自分に都合の悪いことに触れないでおく。

＊観光地はなぜどこも人が多いのかと、自分も観光客であることを棚に上げてぼやいている。

「優しい」というのは気持ちか様子か？

自分の気持ちを表すことばと、物事の様子を描くことばは、区別が曖昧になりやすいものです。あることばがどちらのグループに入るかと聞かれたら、迷う人も多いはずです。

たとえば、「優しい」はどうでしょう。「優しい心を持った人」と言えるので、「優しい」は気持ちを表すことばのような気もします。でも、そう言い切れるでしょうか。

気持ちを表すことばは、「私は今、～い」と言える性質があります。「うれしい」「恐ろしい」などは、「私は今、うれしい」のように言えるので、このグループに入ります。でも、「優しい」の場合、「私は今、優しい」と言うと、やや不自然に感じられます。

「優しい」は、「先輩は優しい性格だ」「優しいことばをかけてくれた」のように、自分以外の人やものに使うのが一般的です。自分が見たり聞いたりした様子を表現するので、「優しい」は様子を描く性質が強いと言えます。

ただ、100パーセントそうかと言うと、疑問が残ります。「静かな曲を聴いて、私は今、優しい気持ちになっている」と言うことがあります。この場合は、明らかに自分の気持ちを表しています。気持ちを表すことばと、様子を描くことばの境界は微妙なのです。

このような例は少なくありません。「私は寂しい」と言えば気持ちを表しますが、「ここは寂しい場所だ」と言えば様子を描いています。気持ち・様子のどちらを表現するか、その度合いは、ことばによって違いがあります。

COLUMN 2

人・動物の様子

感謝する

カンシャスル

手《て》を合《あ》わせる

体の前で両手を合わせて、またはその気持ちで、相手に感謝・お願い・謝罪などの気持ちを示す。

＊私を叱る夫に、孫が言い返してくれたので、心の中で手を合わせた。

徳《とく》とする

恩を受けて、ありがたいと思う。「徳」には、人徳などのほか、恩恵に感謝する意味がある。

＊教師は就職の世話に奔走し、学生たちは深くこれを徳とした。

深《しん》謝《しゃ》

深く感謝すること。また、深くわびること。硬い手紙文などで使われる。

＊今回の個展を開催するにあたっては多くの方々にお世話になり、心より深謝申し上げます。

恩《おん》に着《き》る

恩を受け、借りを作ったと思い、感謝する。反対語は「恩に着せる」。

＊かかりつけの医師には、重大な病気を何度も初期段階で発見してもらい、恩に着ている。

謝意《しゃい》を表《ひょう》する

感謝やおわびの気持ちを表す。あいさつ文などでも使う、硬い言葉。
＊連載を終えるに際し、これまで応援してくださった読者の皆さまに心から謝意を表したい。

過分《かぶん》

その人の地位や能力を超えるほど、高い評価や利益を得る様子。
＊接客のしかたについてお客さまから過分なお褒めの言葉をいただき、とても恐縮しました。

労《ねぎら》う

苦労を思いやって、優しく言葉をかけたりする。「犒う」とも書く。
＊事故現場の指揮を終えた刑事部長に対し、上司は最大限の表現を用いて労をねぎらった。

ごっつぁん

感謝を表す力士の言葉。ありがとう。「ごちそうさん」が変化した語。
＊皆さん、本日はわざわざ国技館まで足をお運びいただきまして、ごっつぁんでした。

イ・動物の様子

謝る・わびる

アヤマル・ワビル

頭《あたま》を下《さ》げる

おわび・感謝などの気持ちを示すために、頭を前に傾けて低くする。

＊退職する児童館の職員は、子どもたちから寄せ書きを贈られ、涙ぐみながら頭を下げた。

手《て》を下《さ》げる

手を低い位置に下ろす。つまり、ひれ伏す姿勢になってわびる。江戸時代に使われた表現。

＊わしは何もそなたに手を下げさせようと言うわけではないのだ。

平《へい》身《しん》低《てい》頭《とう》

両手をついて体を平にし、頭を低くしてわびること。「低頭平身」とも言う。

＊工場長は、従業員たちの前でほとんど平身低頭せんばかりにして給料の遅配をわびた。

平《ひら》謝《あやま》り

ただひたすら謝ること。強調して「平謝りに謝る」とも言う。

＊最後のコロッケが売り切れてしまったため、店員は買い物客に平謝りするしかなかった。

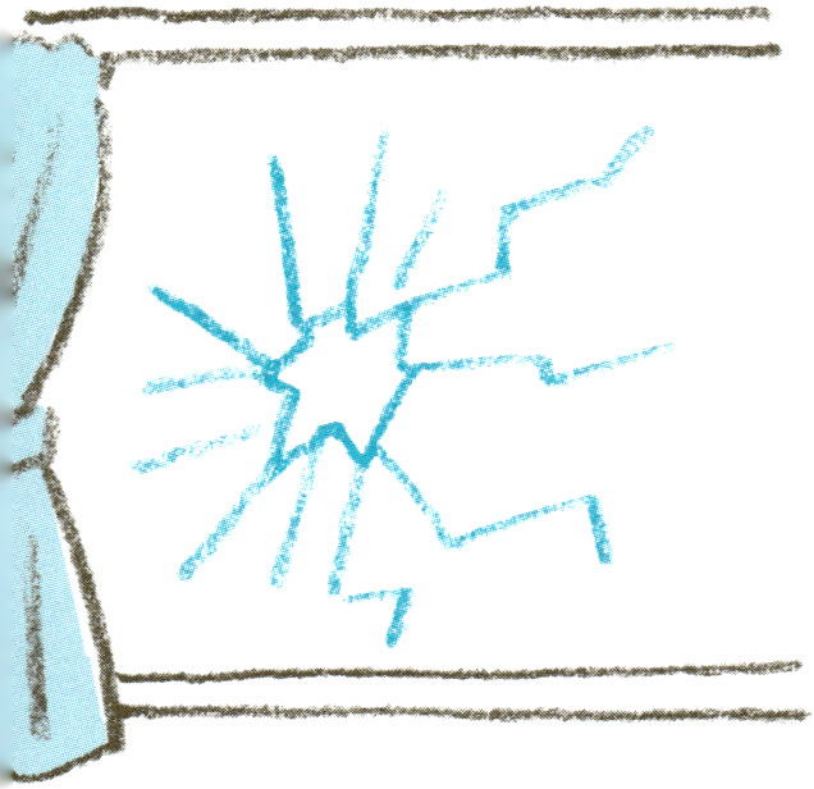

手《て》を突《つ》く

手のひらを地面につける。平伏する。おわびをするときの動作。
＊仕事を紹介してあげたのに、面接をサボったんだって？ 手を突いて謝りなさい。

土下座《どげざ》

座ったままで地面や床に手を突き、頭を下げる。深くわびる動作。
＊経営責任を問われた社長は株主たちの前で土下座し、その安直さがかえって怒りを買った。

一札《いっさつ》を入《い》れる

誓約の文書を書いて渡す。たとえば「今後は迷惑をかけない」など。
＊経営陣は銀行に融資を申し込むにあたり、前会長は一切経営に関わらない旨、一札を入れた。

直《ひた》謝《あやま》り

ひたすら謝ること。平謝り。古風な言葉。「ひた」は「ひた走り」など「ひたすら」の意味で使う。
＊注意散漫を叱られた番頭は、ひた謝りに謝って、主人の前を退いた。

忠告する

チュウコクスル

諷諫《ふうかん》

たとえ話を使ったりして、遠回しに相手をいさめること。硬い言葉。

＊「うちのネコは浮気で困る」という妻の発言には、不誠実な夫に対する諷諫が込められていた。

心添《こころぞ》え

親切な気持ちから注意を与えること。また、共感して協力すること。

＊お心添えはまことにありがたく存じますが、決してご心配いただくには及びません。

諫《いさ》める

特に目上の言動に対して忠告をする。同等の相手に使うこともある。

＊遊びにうつつを抜かし、政治に関心を示さない殿様を、家臣は切腹覚悟でいさめた。

忠言《ちゅうげん》

相手を思って忠告する言葉。目上にも、同等・目下にも使える。

＊作曲家は友人の忠言を受け入れて、完成間近だった楽譜を最初から書き直すことにした。

口《くち》を酸《す》っぱくする

何度もくり返し注意するたとえ。「口が酸っぱくなるほど」とも。

＊学校に行けなかった祖母は、孫たちに対し、勉強の大切さを口を酸っぱくして説いた。

諭《さと》す

多く目下に対し、相手が分かるよう、言葉を尽くして忠告する。

＊チームワークなくして勝利はありえないと、コーチは部員たちをこんこんと諭した。

痛《いた》いところを突《つ》く

相手の弱点を指摘する。急所を突く。「突く」は「衝く」とも書く。

＊編集者としては、読者から寄せられる声に、いつも痛いところを突かれる思いがする。

戒《いまし》める

現在や将来のことを含めて、「こうしてはならない」と忠告する。

＊才能に自信があるからといって、努力を怠ってはだめだと、教師からたびたび戒められた。

人・動物の様子

元気づける

ゲンキヅケル

発破《はっぱ》をかける

成果が十分でない人をやる気にさせようと、強い言葉をかける。

＊店長は従業員たちの前で、全員協力して売り上げ目標を達成しようと発破をかけた。

応援《おうえん》

がんばる人が成功するように、力を貸したり、声をかけたりする。

＊コンサートでは、ファンたちがうちわを振ったりして、ステージ上のアイドルを応援した。

鼓舞《こぶ》

人を励まし、やる気にさせる。鼓を打って舞わせることから。

＊すでに敗戦ムードが漂っていたが、選手たちは、自らを鼓舞するように声を張り上げた。

鞭撻《べんたつ》

目上の人が厳しく励ます。「鞭」はむち、「撻」は打つこと。「ご鞭撻」の形で尊敬語として使う。

＊卒業後も何とぞご指導ご鞭撻のほど、よろしくお願い申し上げます。

活《かつ》を入《い》れる

叱るように言って元気づける。気絶した人を蘇生させる意味から。

＊プレゼンの直前には、自分自身に活を入れるべく、両手で頬をたたくのが癖だ。

尻《しり》を叩《たた》く

仕事が遅い人、成果が出ない人を、やる気にさせるよう、強く言う。

＊マイペースな息子の尻を叩いて、どうにか夏休み中に宿題を終わらせることができた。

激《げき》励《れい》

相手を強く励ます。「激」「励」ともに、はげます意味がある。
＊外国訪問中の大統領は、現地で医療活動に従事する自国のスタッフを訪ね、強く激励した。

力《ちから》づける

元気が出るように、相手を励ます。元気づける。勇気づける。
＊若い映画監督が権威ある映画賞を受賞したことは、同世代のクリエイターたちを強く力づけた。

慕う《シタウ》

思《おも》いを掛《か》ける

恋心を寄せる。恋い慕う。「懸《け》想《そう》する」（想いを懸ける）と同じ意味。

＊その作曲家の家に出入りする青年たちは、誰もが上品で優しい長女に思いを掛けていた。

片《かた》思《おも》い

自分に気がない人を、一方的に恋い慕うこと。「片恋」は詩的な表現。

＊小学校の時、電器店のお兄さんにずっと恋をしていたが、あれはまったくの片思いだった。

気《き》がある

そのことをする気持ちがある。また、恋愛対象として相手に関心がある。

＊やたら親切なクラスメートの態度に、自分に気があるのかもしれないと少女は考えた。

恋《こ》う

自分のそばにないものを欲しいと思う。また、そばにいない相手に会いたいと思う。恋する。
＊人を恋う気持ちには優しさが伴う。優しくない人間には恋ができない。

思《おも》いを寄《よ》せる

人やものを好ましく思い、気持ちを向ける。特に、恋愛感情を持つ。
＊見習いのパティシエは無口で無愛想だったが、そんな彼に思いを寄せる女性は多かった。

恋《れん》慕《ぼ》

人を恋い慕うこと。恋愛感情を持つこと。また、その気持ち。
＊主人の家の娘に恋慕したが、思いを遂げられなかった番頭は、川に身を投げようとした。

思《おも》いの丈《たけ》

思うことのありったけ。思いの限り。特に、恋い慕う気持ちのすべて。
＊誰もいない放課後の音楽室に先輩を呼び出して、そっと思いの丈を打ち明けた。

一《ひと》目《め》惚《ぼ》れ

一目見ただけで、好きになること。一度会っただけで心をひかれること。
＊宮殿で開かれたパーティーで、王子はガラスの靴を履いた娘に一目ぼれしたようだった。

人・動物の様子

嫌う

キラウ

疎《うと》む

人を嫌って、遠ざけたい、会いたくないと思う。疎ましがる。疎んじる。

＊市議会には女性議員が少なく、正論を言っても年配の男性議員に疎まれる雰囲気があった。

利《き》かん気《き》

人に負けたり譲ったりすることを嫌う性質。勝ち気。「聞かん気」とも。

＊若い将軍はとても利かん気で、古参の家来たちでさえ持て余す暴れん坊だったという。

否《いな》む

嫌だと言う。拒否する。やや古風で、現在は多く「否めない」など「否定する」の意味で使う。

＊絶望した姫君は、親の勧める相手との結婚を否むこともできなかった。

食《く》わず嫌《ぎら》い

食べないうちから嫌うこと。また、やってみないうちから嫌うこと。

＊ロシア文学は難解な印象があって食わず嫌いだったが、いつの間にか夢中になってしまった。

潔《けっ》癖《ぺき》

非常にきれい好きな性質。また、不正なものごとをひどく嫌う性質。

＊市長は潔癖な性格で知られ、たとえ割り勘でも、財界の人々と酒席を共にすることはなかった。

唾《だ》棄《き》

非常に忌み嫌い、軽蔑すること。唾を吐き捨てるほど嫌うことから。

＊コンペで入賞するために選考委員に金品を贈っていたなんて、まことに唾棄すべき行為だ。

体《からだ》を惜《お》しむ

体を動かすことを面倒くさがる。身体《しんたい》を惜しむ。骨惜しみをする。
＊贅沢をしないで、体を惜しまず働いていれば、とりあえず生活に困ることはないだろう。

蛇《だ》蝎《かつ》視《し》

ヘビ（蛇）やサソリ（蠍＝蝎）のように見なして、非常に忌み嫌うこと。
＊人を見下した発言を続ける老評論家を、若いタレントはとてつもなく蛇蝎視していた。

人・動物の様子

無理をする・させる

ムリヲスル・サセル

痩《や》せ我《が》慢《まん》

無理に我慢して、平気そうに見せること。「痩せ我慢を張る」とも言う。
＊パーティーでは寒い中、薄手のドレスで痩せ我慢をしていたが、結局風邪を引いてしまった。

意地《いじ》にかかる

無理にでも自分の思いを押し通そうとする。意固地になる。古風な言葉。
＊迷惑そうな表情のマスターを無視し、酔客は意地にかかってカウンターに居座り続けた。

有無《うむ》を言《い》わせず

相手が承知でも不承知でも関係なく、無理やりにする様子。
＊パートナーと別れて以来引きこもりがちだった友人を、有無を言わせず外に連れ出した。

押《お》し退《の》ける

無理に押して、脇へどける。また、自分を優先して他人を排除する。
＊不祥事の渦中にあった俳優は、マイクを向ける報道陣を押しのけ、車の後部座席に乗り込んだ。

強行《きょうこう》

反対や抵抗、障害などがあるなかで、物事を無理やりに行うこと。

＊台風が迫っていたにもかかわらず、学校側がキャンプを強行したことは、厳しく批判された。

無理《むり》強《じ》い

相手が嫌がっても、強引にやらせること。強要や強制を含む。

＊部下に飲酒を無理強いするなどのパワハラを重ねた上司は、従業員から訴訟を提起された。

押《お》し通《とお》す

無理をして通す。困難があっても、やり方を変えないままでいく。

＊これまで夏はエアコンなしで押し通していたが、猛暑の今年はそれも不可能になった。

かこつける

実際には関係ないことを、自分の行動の口実にする。そのせいにする。

＊会いたくない友人がいるので、その年の同窓会も、結局、忙しさにかこつけて欠席した。

人・動物の様子

心配する

シンパイスル

頭《あたま》が痛《いた》い

解決できない問題があって、心配や悩みが頭を離れない。悩ましい。

＊地域の防災を進める上で、無関心な人々をどうやって巻き込んでいくかは頭が痛い問題だ。

意《い》とする

心をその点に向ける。心配する。普通、後ろに否定の言葉を伴う。

＊従来の手法にとらわれず、新しいドラマを制作したい。少々の批判は意とするに足りない。

青《あお》くなる

驚きや恐怖などのために、顔に血の気がなくなる。青ざめる。

＊集めた部費の入ったカバンを電車に置き忘れたことに気づいて、マネージャーは青くなった。

色《いろ》を失《うしな》う

驚きや恐怖などのために青くなり、落ち着きがなくなる。顔色を失う。

＊目の前で道路が陥没するのを目撃した住民たちは、誰もが色を失い、走って逃げ出した。

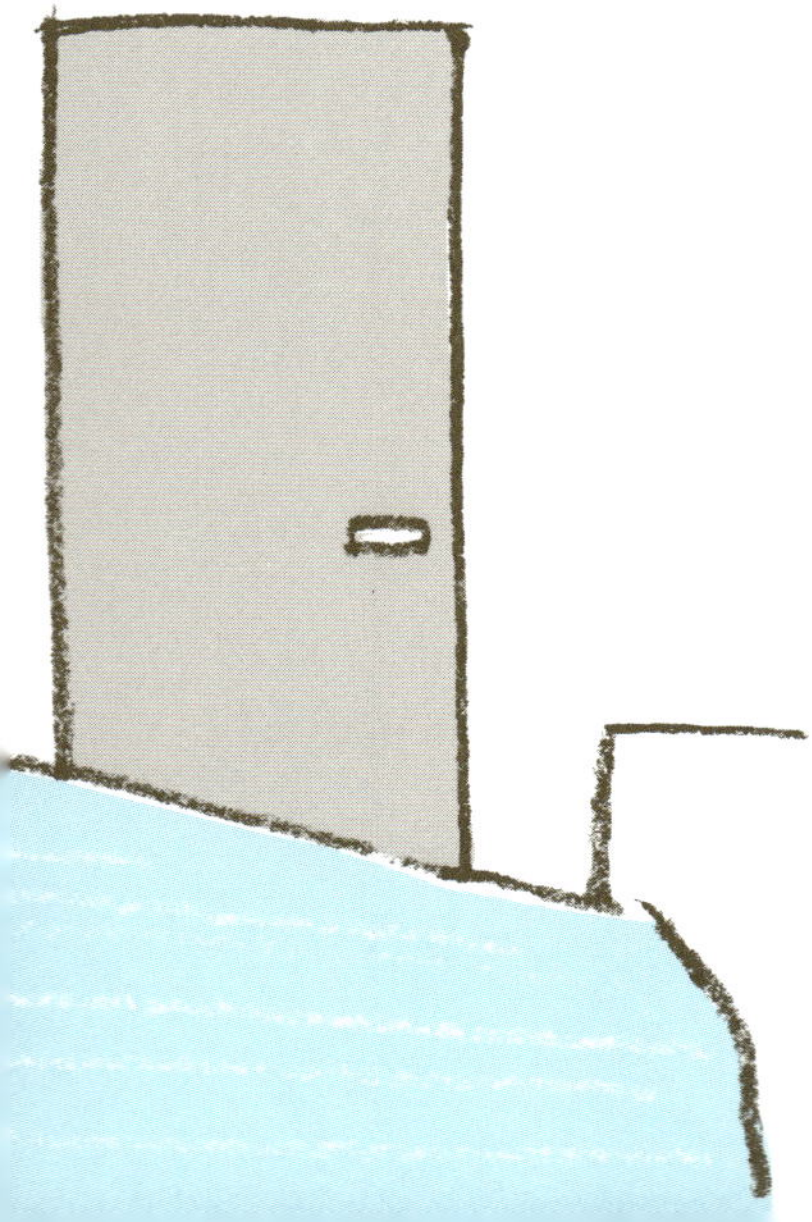

案《あん》じ顔《がお》

心配そうな表情や様子。江戸時代からの言葉。

＊なかなか熱が下がらず、赤い顔をして眠る息子の顔を、両親は案じ顔で見つめていた。

気《き》で気《き》を病《や》む

必要のない心配をして、自分から苦しむ。江戸時代からの言葉。

＊自分があの娘に好かれるはずはないと、若旦那は気で気を病んでふさぎ込んでいる。

憂《うれ》い顔《がお》

心配や悩みがありそうな表情や様子。物思いに沈んだ様子。

＊肖像写真ではいつも憂い顔を見せるミステリー小説の巨匠は、実際には明るく豪快な人物だ。

気《き》を砕《くだ》く

あれこれ心配する。江戸時代からの言葉。「心気《しんき》を砕く」とも言った。

＊米問屋の主人は、帰って来ない弟のために気を砕き、店の者を連れて探しに出かけた。

人・動物の様子

驚く

オドロク

胸《むね》を潰《つぶ》す

胸が潰れそうなほど、驚いたり心配したりする。古風な言葉。
＊あなたが旅先で病気になったりしたら、ご家族はさぞ胸を潰されることでしょう。

舌《した》を巻《ま》く

優れた成果などに接して、非常に驚いたり感心したりする。
＊体操の世界大会で、まだ小学生の女子選手が、ベテランも舌を巻くような大技を披露した。

目覚《めざ》ましい

向上・発展ぶりが、以前とは違って、驚くほど素晴らしい。
＊日本・ドイツなど、第二次世界大戦後に目覚ましい経済発展を遂げた国は数多い。

一驚《いっきょう》

驚くこと。びっくりすること。「一驚を喫する」のようにも言う。
＊書道教室に通う子どもたちの文字が、予想したよりもずっと上手だったことには一驚した。

仰天《ぎょうてん》

思わず天を仰ぐほど、ひどく驚くこと。「びっくり仰天」とも言う。
＊お別れ会で、先生がラッパーの格好で登場し、即興のラップを披露したのには仰天した。

心臓《しんぞう》が飛《と》び出《で》る

驚いたり、緊張したりしたときのたとえ。口から心臓が飛び出る。
＊周囲に人影のない公園でいきなり自分の名を呼ばれ、心臓が飛び出るかと思った。

と胸《むね》を突《つ》かれる

どきっとする。びっくりする。「と」は強調の接頭語。古風な言葉。

＊評論家として番組に出演した昔の恋人の姿に、と胸を突かれる思いで画面を見つめた。

驚《きょう》愕《がく》

非常に驚くこと。「愕」はおどろき慌てること。「驚《きょう》駭《がい》」とも言う。

＊遺伝子に関する前代未聞の研究が科学誌に掲載されると、研究者たちは驚愕をもって迎えた。

人・動物の様子

断る

コトワル

拒《こば》む

人の求めや命令を受け入れない態度を示す。嫌だと言う。拒絶する。

＊国連に提出された環境に関する決議案について、署名を拒んだ国は少数にとどまった。

首《くび》を横《よこ》に振《ふ》る

否定や不承知の態度を示す。違う、だめだと言う。首を振る。

＊弟子の作る茶わんに師匠は首を横に振ってばかりだったが、最近ようやく認め始めた。

蹴《け》る

要求や提案、考えられる選択肢などを採用しないことにする。

＊せっかく内定した大手企業を蹴って、息子は家業の豆腐店を継ぐ考えを話してくれた。

御《ご》免《めん》蒙《こうむ》る

そんなことはしたくない、嫌だ、と思う。また、相手に許しをもらう。

＊昔からの友人だと思って協力してきたが、借金の肩代わりはさすがにご免こうむりたい。

謝《しゃ》絶《ぜつ》

丁寧に申し入れを断ること。「謝」も「絶」も、ことわる意味。

＊はからずも名誉な美術賞をいただいたが、お祝いの品などは一切謝絶することにした。

突《つ》っ撥《ぱ》ねる

要求などをきっぱりと断る。はっきり拒否する。また、突き返す。

＊経営陣が賃上げ要求をつっぱねたので、社員たちの間からは激しい反発が起こった。

辞《じ》退《たい》

誘いや勧めなどを丁寧に断ること。古くは、別れて去ることも言った。
＊人気上昇中の若手俳優は、一身上の都合を理由に、連続ドラマへの出演を辞退した。

願《ねが》い下《さ》げ

頼まれても引き受けないこと。また、いったん願い出たことを取り消してもらうこと。
＊酔って文句を言う同僚の相手をするのは、今後は願い下げにしたい。

人・動物の様子

承知する

ショウチスル

相《あい》対《たい》ずく

当事者が互いによく話し合って決めること。相談ずく。古風な言葉。

＊はたから見ると不公平な遺産分割だが、兄弟が相対ずくで決めたのならば文句はない。

同《どう》意《い》

求めを受け入れること。また、自分も同じ意見だ、と示すこと。

＊男性は妻の故国であるインドに家族で移住することに同意し、日本での勤めを辞めた。

一《いち》諾《だく》

人から頼まれて承知すること。引き受けること。硬い文章語。

＊会社の組織が硬直化し、ささいな提案でも、社長の一諾を得なければ通らなくなっていた。

了《りょう》解《かい》

理解して受け入れること。「了解いたしました」の形で目上にも使える。

＊すべての住民の了解を取りつけることができたので、マンションの改築工事が決まった。

合点《がてん》

事情が分かって疑問が消えること。「がってん」はうなずくしぐさ。

＊昼食のために入った店は、お客が少なくて不思議だったが、料理を一口食べて合点がいった。

聞《き》き入《い》れる

相手の願いや求めを聞いて、そうすることを認める。承知・承諾する。

＊これ以上走れないので休ませてほしいと頼んだが、コーチは聞き入れてくれなかった。

得心《とくしん》

事情がよく分かり、疑問や不満が解消されて、納得すること。

＊家出した少女を迎えに来た両親の冷たい態度を見て、警察官は家出の理由に得心がいった。

首《くび》を縦《たて》に振《ふ》る

肯定や承知の態度を示す。分かった、それでいいと言う。首肯する。

＊大学野球のエースにはプロからの誘いが殺到していたが、本人が首を縦に振ることはなかった。

人・動物の様子

気が合う

キガアウ

性《しょう》が合《あ》う

互いの性質・性格が合う。気が合う。否定の形で使うことが多い。

＊二人の秘書は、一人は犬派、もう一人は猫派という具合で、お互いにどうも性が合わない。

意《い》気《き》投《とう》合《ごう》

互いの気持ちがぴったりと合うこと。気が合って仲よくなること。

＊別々のテレビ局のプロデューサー同士が意気投合し、共同で番組を作ることになった。

馬《うま》が合《あ》う

気持ちがうまく合う。馬と乗り手の呼吸が合うところから来たという。

＊企業の面接会場で出会った二人の学生は、雑談を交わしつつ、お互いに馬が合うのを感じた。

以《い》心《しん》伝《でん》心《しん》

互いの気持ちが、言葉に出さなくても相手に伝わること。もとは仏語。
＊予約した本の状況を図書館に聞こうとした時、以心伝心なのか、先方から電話連絡が来た。

肌《はだ》が合《あ》う

互いの性質が合う。気持ちがよく通じる。否定の形で使うことが多い。
＊のどかな南部の街で育った少女にとって、ニューヨークの人々は肌が合わなかった。

通《つう》じ合《あ》う

気持ちや考えなどが、互いによく伝わる。互いの心が通い合う。
＊報道局長と編成局長は、番組内容をめぐってよく対立したが、心の底では通じ合っていた。

波《は》長《ちょう》が合《あ》う

電波などの波形が一致するように、感性や考え方などが、互いに合う。
＊対談で初顔合わせをした作家と学者は、趣味も興味の対象も異なり、波長が合わなかった。

相《あい》性《しょう》がいい

相手と性格がよく合っている。恋愛関係を続けられそうである。
＊結婚相談所で知り合った会社員と医師は、少し話しただけでとても相性がいいことを悟った。

人・動物の様子

過ごす

スゴス〈1〉

恙《つつが》無《な》い

病気や災難などがなく、平穏である。「つつが」は一般に病気の意味。

＊修学旅行はつつがなく日程を終え、小学生たちは土産を携えて足早に家路についた。

在《あ》りの遊《すさ》び

恋人などと暮らす日常に慣れてしまうこと。古い和歌の文句から。

＊恋人に対し、ありのすさびに無遠慮に振る舞うこともあったが、離れて暮らすと恋しさが募る。

明《あ》け暮《く》れる

夜が明け、日が暮れるのも忘れて、ずっと熱中する。没頭する。

＊全国大会が近いので、水泳部員たちはプールに入り浸ってリレーの練習に明け暮れている。

その日《ひ》暮《ぐ》らし

その日の収入で一日をやっと暮らすこと。また、無計画に暮らすこと。

＊投資に失敗して財産を失った知り合いは、ほとんどその日暮らし同然の生活をしている。

遊《あそ》び暮《く》らす

毎日遊んで暮らす。また、仕事につかないで、毎日ぶらぶらする。

＊和菓子店の二代目は、毎日遊び暮らすばかりで仕事をせず、親の財産を食い潰しつつある。

在《あ》り経《ふ》

そのままで生き長らえて年月を経る。平安時代の言葉。

＊出世の望みも絶たれた今、こうして世の中におめおめと在り経るのはわれながら情けない。

ぬるま湯《ゆ》に浸《つ》かる

挑戦しようという気持ちもなく、現状に甘んじてぼんやりと暮らす。

＊ネット空間というぬるま湯に浸かり、似た考えの人々とだけやりとりしていては発展がない。

時《じ》刻《こく》を移《うつ》す

時間を過ごす。時間を費やす。明治時代以前の古風な言い方。

＊話好きのお客につき合って、興味の湧かない世間話を聞きつつ、むなしく時刻を移した。

過ごす

スゴス〈2〉

のんべんだらり

何をするでもなく、だらだらと過ごす様子。のんべんだらりん。

＊大の大人がのんべんだらりと暮らしていてはいけない。ショック療法をほどこしてやろう。

巣籠《すご》もり

鳥などが巣にこもること。また、人が家に閉じこもって過ごすこと。

＊このところ景気が後退してきたため、外出を控えて巣ごもりをする消費者が増えた。

のらくら

怠けて、遊びながら日々を送っている様子。のらりくらり。

＊長屋の若い連中は、年中のらくらしているくせに、年末が近づくと急に仕事を始める。

暇《ひま》を潰《つぶ》す

空いた時間に、退屈をしのぐため、何か簡単なことをして過ごす。

＊次のバスが来るまでにまだ小一時間ほどあったので、バス停で本を読んで暇を潰した。

うかうか

先の見通しもなく過ごす様子。また、気が緩んで油断している様子。

＊三年生になって、周囲も受験モードに入ったので、私もうかうかしてはいられない。

だらだら

緊張感がなく緩んだ様子。また、変化がないままずっと続く様子。

＊何となく夜更かししてだらだら過ごすより、早く起きて運動でもしたほうがずっといい。

夜《よる》も日《ひ》も明《あ》けない

その物や人がなくては、少しの間も過ごせない。切実に必要だ。

＊最近急にカレーが好きになって、カレーなしには夜も日も明けないという状態が続いている。

糊《こ》口《こう》をしのぐ

その仕事によって、貧しくても何とか生計を立てる。口を糊《のり》する。

＊芸人として売れる前は、アルバイトを掛け持ちして、どうにか糊口をしのいでいた。

尊敬する

ソンケイスル

仰《あお》ぎ見《み》る

顔を上に向けて見る。非常に優れた人を、尊敬の気持ちで見る。

＊新分野を切り開いたアニメーターは、今や若い作家たちから仰ぎ見られる存在となっている。

畏《かしこ》まる

目上の人の前で、控えめな態度で、姿勢を正してじっとする。

＊殿様の前では、誰もが畏まって平伏し、許しが出るまで顔を上げることができなかった。

脱帽《だつぼう》

敬意を表して帽子をぬぐこと。また、優れた相手に感服すること。

＊作品を最も魅力的に見せる、美術館のプレゼンテーションの巧みさには脱帽するばかりだ。

様《さま》に様《さま》を付《つ》ける

敬称の「様」を二重につけるほどに大切にする。江戸時代の言葉。

＊これまで様に様をつけて敬ってきた主人家のお嬢様をめとるなど、私にはもったいなさすぎる。

心服《しんぷく》

心から相手を尊敬し、何でも言うことを聞きたいと思う様子。

＊エンジンの音だけでバイクの不調の箇所が分かるベテラン技術者に、誰もが心服していた。

畏敬《いけい》

偉大な人や気高い存在に対し、おそれ敬う気持ちを持つこと。

＊深い真理を分かりやすく説くソクラテスに対し、アテナイの人々は畏敬の念を抱いていた。

敬《けい》する

尊敬する。敬う。現在では「敬して遠ざける」の形で使うことが多い。

＊正論を述べ、他人に厳しい塾講師は、同僚から何となく敬して遠ざけられていた。

和《わ》敬《けい》

心を和らげ、相手を敬い、自分を慎むこと。茶道で大切にされる精神。

＊茶道を大成した千利休《せんのりきゅう》は、和敬清寂《せいじゃく》、つまり和敬と清い心、寂びの大切さを伝えた。

人・動物の様子

謙遜する《ケンソンスル》

お粗《そ》末《まつ》

上等でない様子。手際が悪い様子。謙遜または批判の表現。

＊お粗末なものですが、別便にて自作の箸置きをお送りしました。何とぞご笑納ください。

及《およ》ばずながら

不十分だが。行き届かないが。手助けなどの場合に謙遜を示す表現。

＊お引っ越しの日には、私も及ばずながらお手伝いにまいりますので、よろしくお願いします。

お見《み》逸《そ》れ

相手に気づかないこと。また、相手の能力への認識が足りなかったこと。

＊先生が元テニスの選手でいらっしゃったとは。お見それいたしまして、大変恐れ入りました。

末席《まっせき》を汚《けが》す

参加することを謙遜した表現。一番下座《しもざ》に座り、そこを汚すという意味。＊まことに僭越《せんえつ》なことだが、今回、歴史ある文学賞の選考委員の末席を汚すことになった。

心《こころ》ばかり

気持ちを込めただけで、品物自体はつまらないという、謙遜の表現。＊心ばかりの品物ですが、日頃のご無沙汰のおわびも兼ねまして、お送りする次第です。

端《はし》くれ

全体の一部にすぎない、取るに足らないもの。切れ端の意味から。＊浪々の身ではあるが、これでも武士の端くれとして、弱い者に手を上げたことなど一切ない。

笑味《しょうみ》

相手が味わうこと。おいしくなくても、どうぞ笑って食べてください、という気持ちで使う。＊当地の名物をお送りいたします。何とぞご笑味くださいませ。

馬齢《ばれい》を重《かさ》ねる

年を取る。獣のようにむだに年を取るということ。馬齢を加える。＊こうして馬齢を重ねるにつれ、若い人たちとの共通の話題が極端に減ってくるのがさびしい。

人・動物の様子

怒る

オコル

叱咤激励《しったげきれい》

叱りつけるように大きな声で励まし、力強く元気づけること。

＊ソフトボール部の元キャプテンは、卒業後も部活を見に来ては、後輩たちを叱咤激励した。

激高《げきこう》

怒って激しく興奮すること。いきり立つこと。「げっこう」とも。

＊未精算の商品を持ち出したことを店員に指摘され、若い男は異様なほど激高した。

叱責《しっせき》

叱って責めることを意味する、やや硬い表現。処分を伴うとは限らない。

＊医学部長は自分のミスを若い医師になすりつけて厳しく叱責し、辞表を書くよう求めた。

目《め》を剥《む》く

目を大きく見開いて、驚いたり怒ったりする。目を剥き出す。

＊自分の作品を侮辱された版画家は、思わず目を剥き、激しい怒りの表情を見せた。

ぷりぷり

怒っていつまでも機嫌が悪い様子を、ややユーモラスに表す言葉。

＊住人たちのゴミ出しのマナーが悪いため、管理人はぷりぷりしながら集積所を掃除している。

食《く》ってかかる

相手に食いつきそうなほど、激しい口調や態度で迫る。かみつく。

＊テニスできわどいアウトの判定を下した審判に対し、選手は猛然と食ってかかった。

激怒《げきど》

激しく怒ること。最近は、それほど怒っていなくても使うことが多い。
＊羊飼いは、人々を苦しめる王のうわさを聞いて激怒し、自分の手で除いてやろうと決意した。

悲憤慷慨《ひふんこうがい》

世の中のことなどについて、悲しみ憤り、怒り嘆くこと。硬い言葉。
＊公害企業に無罪判決が出た翌日、取材を続けてきた記者は悲憤慷慨する論説を新聞に掲載した。

人・動物の様子

緊張する

キンチョウスル

脂汗《あぶらあせ》を流《なが》す

緊張や苦痛などのため、べとべとした脂のような汗を流す。

＊新人の構成作家は、パソコンの前で脂汗を流しながら台本の一字一句を書いていた。

凍《こお》り付《つ》く

緊張や恐怖で、人の動きが凍ったように止まり、声も発せられなくなる。

＊映画の舞台挨拶で、俳優が監督を厳しく批判した瞬間、会場の雰囲気はさっと凍りついた。

がちがち

余裕がなくて、体がとても硬くなった様子。極度に緊張した様子。

＊吹奏楽コンクールで、トランペット担当者は緊張でがちがちになり、息も吸えなくなった。

声《こえ》を呑《の》む

驚きや恐怖、緊張などのため、出そうになった声が止まってしまう。

＊重大事件の犯人が連行される様子を、市民も報道陣もみな声を呑んだまま見つめていた。

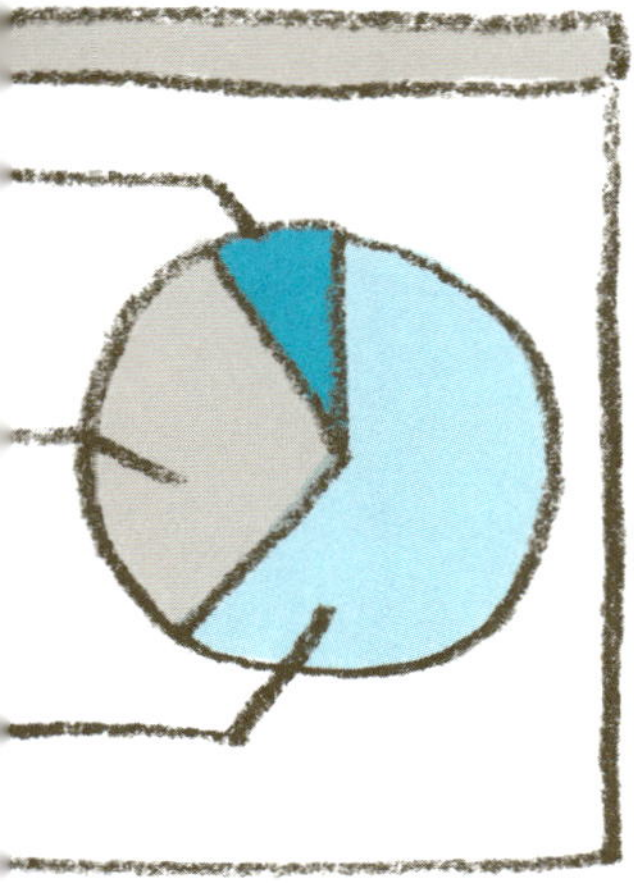

縮《ちぢ》こまる

恐れや緊張などのため、自由に動いたり、物が言えなくなったりする。

＊寄宿舎の生徒たちは、厳しい規則と容赦ない指導のため、毎日縮こまりながら生活していた。

硬《かた》くなる

緊張しすぎて、その場に応じた自然な行動や思考ができなくなる。

＊合唱団の子どもたちは、最初は硬くなっていたが、指揮者の指導で次第に声がそろい始めた。

強《こわ》張《ば》る

体や精神の自由が利かなくなって、柔軟さが失われる。硬直する。

＊野党から辞任を求められていた与党幹部は、表情をこわばらせて記者団の前に現れた。

四《し》角《かく》張《ば》る

不必要なほど真面目な態度を取ったり、堅苦しく振る舞ったりする。

＊娘は婚約者の両親の前に正座すると、ひどく四角張った口調で初対面の挨拶を述べた。

自信を持つ

ジシンヲモツ

腕《うで》に覚《おぼ》えがある

自分が以前に身につけた技術や能力に自信がある。腕に覚えあり。

＊若い頃バンドマンだったマスターは、腕に覚えがあるというギターの演奏を聴かせてくれた。

怖《こわ》いもの知《し》らず

経験もないのに自信たっぷりで、何事も恐れない様子。無鉄砲。

＊デビューしたての子役は、怖いもの知らずで自由に演技し、それが大きな人気につながった。

意《い》を強《つよ》くする

人から賛成してもらったりして、自分はこれでいいのだと心強く思う。

＊新作が不評でめげていた作家は、尊敬する先輩から好意的な評価を得て、大いに意を強くした。

腕《うで》に縒《よ》りを掛《か》ける

自分の持つ技術を、普段にも増して、仕事や作業に注ぎ込む。

＊私の毎年の誕生日、父は腕によりをかけて、私の好きな料理を何種類も作ってくれた。

自《じ》負《ふ》

自分の能力や仕事などに対する誇り。また、その誇りを持つこと。

＊京料理店の店長は、古来の食文化を守り、多くの人にその味を伝えてきたと自負していた。

手《て》前《まえ》味《み》噌《そ》

自分や、自分の属する組織を褒めること。自作のみそを褒める意味から。

＊手前みそだが、わが社が刊行した歴史人物シリーズは、歴史ブームのさきがけになった。

大《おお》見《み》得《え》を切《き》る

偉そうな、自信たっぷりなことを言う。ただし見せかけの場合もある。＊アメリカで博士号を取ってやると大見得を切った手前、志半ばで帰国するわけにも行かない。

我《われ》と思《おも》う

自分こそは一番優れている、その仕事にふさわしい、などと自信を持つ。＊この私に剣術で勝てる者がいるか。我と思わん者は、木刀を取ってかかって来い。

人・動物の様子

わがままになる

ワガママニナル

我《が》を出《だ》す

わがままな本性をさらけ出す。中世の書物に載っている古い言葉。

＊最初はうやうやしく王に仕えていた家来が、王の死とともに我を出して反乱を企てた。

横暴《おうぼう》

自分の都合だけを考えて、わがままで乱暴なふるまいをする様子。

＊議長は市民の意見を無視して、横暴な議事運営によって条例を成立させてしまった。

身勝手《みがって》

自分がどうしたいかだけを考え、他人を無視して行動する様子。

＊詐欺に遭うほうが悪いという被告の身勝手な言い分は、裁判員たちの印象を悪くした。

自由《じゆう》がましい

いかにも自分勝手だ。「自由」はわがままの意味。江戸時代の言葉。

＊お屋敷への奉公を勝手に辞めてしまうなどという自由がましいことができるわけはない。

得手《えて》勝手《かって》

他人のことはかまわずに、自分の都合だけを考えて行動する様子。

＊メンバーが利己主義を捨て、得手勝手を慎めば、チームの仕事はきっとうまくいくだろう。

駄々《だだ》を捏《こ》ねる

小さい子などが、大人などに対して、しつこくわがままを言う。

＊次男が生まれて一か月ほどたった頃、長男は自分におむつをしてほしいと駄々をこねた。

我《が》を張《は》る

自分の主張や希望を譲らないで、無理にでも通そうとする。

＊引退を勧められた経営者は不愉快だったが、いつまでも我を張るわけにはいかなかった。

やりたい放題《ほうだい》

やりたいことを、思うままにいくらでもやること。したい放題。

＊大学時代は、ろくに講義にも出ず、友人たちと遊び歩くという、やりたい放題の生活だった。

人・動物の様子

努力する

ドリョクスル

額《ひたい》に汗《あせ》する

額に汗をかきながら努力する。一生懸命に働くことの比喩。

＊戦後の混乱の中、人々は一日も早い復興を成し遂げようと、額に汗して懸命に働いた。

健《けん》闘《とう》

困難に負けず、がんばって闘うこと。必ずしも勝てなくても使える言葉。

＊甲子園に初出場した地元高校の選手たちは、強豪校を相手に、最後までよく健闘した。

急《いそ》がず休《やす》まず

こつこつと地道に努力する様子。「急がずたゆまず」などとも言う。

＊農作業では、まず土を耕し、慌てず焦らず苗の生長を待つことがポイントだ。

克《こく》服《ふく》

努力して困難に打ち勝つこと。不利なことや苦手なことをなくすこと。

＊消極的だった私は、化粧によってコンプレックスを克服し、内面から変化することができた。

身《み》を砕《くだ》く

全力を尽くして努力する。「粉《ふん》骨《こつ》砕《さい》身《しん》」（骨を粉にして身を砕く）とも。

＊ベテラン記者は長年、業界にはびこる不公正な慣習を追及することに身を砕いてきた。

身《しん》命《めい》を賭《と》す

「命を懸ける」の硬い表現。命を捧げる気持ちで取り組む。

＊劇団の俳優たちは、観客を楽しませ、笑わせることに、まさしく身命を賭していた。

勝《か》ち取《と》る

争いに勝って、自分のものにする。また、努力して自分のものにする。

＊新人選手は、監督の厳しい指導にも耐え、ついにレギュラーの座を勝ち取った。

力《ちから》を入《い》れる

そのことを特に大事だと考えて、他のことにも増して熱心に行う。

＊外国籍の児童も多いその小学校では、多様な文化を学ぶ活動に力を入れている。

人・動物の様子

考える

カンガエル

慮《おもんぱか》る

他人のこと、将来のことなどを踏まえて、よく考える。「おもいはかる」が変化した言葉。

＊経営者には従業員がどんな思いで働いているかを慮る気持ちが必要だ。

頭《あたま》を搾《しぼ》る

いい考えを出そうとして、あれこれ頭を悩ませる。知恵を絞る。

＊新年度のイベントにふさわしい新しい企画を考え出そうと、関係者たちは頭をしぼった。

分別《ふんべつ》

理性を働かせて物事を判断すること。また、その判断能力。

＊もうけ話につい乗り気になったが、まずは家族に相談してみるという分別は残っていた。

検討《けんとう》

問題をどう扱うのがいいか、調べたり考えたりすること。

＊校則を見直してほしいという生徒会の要望を踏まえ、学校側は改定に向けて検討を始めた。

胸《むね》に聞《き》く

どうしてこうなったのか、自分に原因はないかと、改めて反省する。
＊友人が一人、また一人と離れて行ったのはなぜか、ぜひ自分の胸に聞いてみてほしい。

熟考《じゅっこう》

十分によく考えること。「熟」は「つらつら」（十分に）の意味。
＊ボクサーは選手生活を終えるにあたり、残りの人生をどう過ごすべきかを熟考した。

思《おも》いを凝《こ》らす

結論・作品などをまとめるために、自分の思いや考えを集中させる。
＊詩人は初めての作品集を作るため、思いを凝らして一つ一つの語句をつむぎ、推敲《すいこう》を重ねた。

苦慮《くりょ》

いい解決方法が見つからず、苦しみながらあれこれと考えること。
＊繁華街に客引きが横行するようになり、地元商店会の関係者たちは対応に苦慮していた。

決める《キメル》

意《い》を決《けっ》する

思い切ったことをしようと、しっかり気持ちを決める。覚悟を決める。

＊弟子入り志願の少年は、師匠の家の前でためらっていたが、意を決してチャイムを鳴らした。

英《えい》断《だん》

上に立つ人、社会的に責任がある人などが、すぐれた決断をすること。

＊戦いが不利と見るや、すぐに退却を命じた連隊長の判断は、実に英断だったと言うべきだ。

思《おも》い込《こ》む

そうしようと固く心に決める。また、よく確認せずにそう思う。

＊商品開発に当たるメンバーには、思い込んだら突っ走るタイプがそろっている。

即《そく》断《だん》

その場ですぐに決断すること。「速断」は、素早く判断すること。

＊交渉相手は好条件を示したが、われわれは即断を避け、先方の真意を確かめようとした。

思《おも》い立《た》つ

あることをしようと、ふとしたきっかけで考える。新たに考えを抱く。

＊連休の予定は特になかったが、ふと思い立って、一人で京都まで旅行に出かけた。

独《どく》断《だん》

他人に相談せず、自分だけで判断すること。また、自分勝手な判断。

＊報告書の内容が上層部を怒らせると考えた課長は、独断で文言を修正してしまった。

決着《けっちゃく》

それ以上の争いや疑いが起こらないような形で、物事が決まること。

＊マンションのリフォーム費用は、それぞれの住民が平等に負担することで決着した。

勇断《ゆうだん》

勇気ある決断をすること。困難や批判を恐れずに決断すること。

＊国民の政治不信を除くためにも、政府は今こそ勇断をもって改革を断行すべきだ。

人・動物の様子

推察する

スイサツスル

行間《ぎょうかん》を読《よ》む

文章には直接書かれていない、筆者の真意などをくみ取る。

＊主人公を演じた俳優は、目の動きから息遣いまで、台本の行間を読んだ見事な演技を披露した。

空気《くうき》を読《よ》む

その場の雰囲気から、周囲の人が望むことなどを感じ取る。

＊少女はクラスで孤立することを恐れ、場の空気を読んで行動することが習慣になった。

意《い》を酌《く》む

人の考えや気持ちを推測して、役に立つように行動しようとする。

＊外国との農産物交渉に臨んだ局長は、国内の農家の意を酌んで、強い調子で発言した。

図星《ずぼし》を指《さ》す

相手が表に出さない事実を正確に言い当てる。図星を突く。

＊調査結果にごまかしがあるのではないかと図星を指され、教授はうろたえて怒りだした。

察《さっ》する

人の気持ち、物事の状況などについて、おそらくこうだろうと分かる。

＊一人で不祥事の責任を取らされて役所を辞めた叔父の無念さは、察するに余りある。

忖《そん》度《たく》

人の気持ちなどを推測すること。さらに、気に入るように行動すること。

＊報道局のデスクは、時の政府の意向を忖度し、都合の悪いニュースを放送させなかった。

判《はん》読《どく》

分かりにくい文字や文章を、前後の内容などから推測して読むこと。

＊以上、取り急ぎのご返信で恐れ入りますが、よろしくご判読のほどお願い申し上げます。

明《めい》察《さつ》

推察して、事実をはっきり捉えること。相手を褒めて言うことが多い。

＊さすが警部さん。ご明察の通り、たしかに私はその店に行きましたが、すぐに帰りましたよ。

人・動物の様子

反省する

ハンセイスル

改心《かいしん》

今までの悪い考えや行いを反省し、違う人間になること。改悛《かいしゅん》。

＊反社会集団に関わっていた男は、幼なじみの真剣な忠告に心を動かされて、改心を誓った。

猛省《もうせい》

激しく反省すること。自分の過ちを厳しく見つめ、改めること。

＊無理なトレーニングで選手たちの健康を損なったチーム指導者は猛省する必要がある。

悔《く》い改《あらた》める

これまでの過ちを悔やんで、ふたたび繰り返さないよう行動を変える。

＊乱暴を繰り返していたごろつきは、神父の話に自らの罪を悔い改め、信仰の道に入った。

根性《こんじょう》を入《い》れ替《か》える

甘い考え、間違った考えなどをすっかり改める。心を入れ替える。

＊ばくちが元で無一文になった職人は、根性を入れ替えて、人が変わったように仕事に励んだ。

内省《ないせい》

心の中で反省すること。自分が正しいかどうか、よく考えること。

＊旅に出て車窓の景色を眺めるひとときは、自分のこれまでを内省する機会でもある。

三省《さんせい》

一日に何度も反省すること。「論語」では、対人関係・交友関係・知識伝達の三つに関する反省。

＊自分は生徒の手本になっているか、教育者は三省しなければならない。

自省《じせい》

自分自身を見つめ、言動や態度などがよかったかどうか考えること。

＊幅広い知識の大切さを痛感した記者は、取材テーマを選り好みするのはやめようと自省した。

脚下照顧《きゃっかしょうこ》

自分の足下を見てよく反省しよう、という意味。禅宗から来た言葉。

＊社会に出て十年たち、気持ちにもゆとりができて、脚下照顧の謙虚さを持てるようになった。

人・動物の様子

反論する

ハンロンスル

一《いっ》矢《し》報《むく》いる

相手からの攻撃・批判などに対して、効果的な一回の反撃をする。
＊相手のキーパーにシュートを止められた選手はあきらめず、見事なゴールを決めて一矢報いた。

物《もの》申《もう》す

目上や権力者、社会などに対して、批判的な意見をはっきり言う。
＊今の政治状況を題材にしたその喜劇は、笑いを通じて世の中に物申す作品となった。

切《き》っ刃《ば》を回《まわ》す

反論する。江戸時代の言葉。刀をさやから引き抜こうとする動きから。
＊経験も知識もない若造のくせに、俺に向かって切っ刃を回すとは生意気なやつだ。

反《はん》駁《ばく》

相手の主張に対し、それを否定する主張を行うこと。反論。
＊自社の製品が事故の原因だと追及された企業側は、証拠を挙げて反駁し、無罪を主張した。

異《い》を唱《とな》える

相手の主張に対して、反対の主張を行う。異議を唱える。
＊強大な権力を持つ国家指導者に異を唱える勢力は、もはや見当たらなくなっていた。

盾《たて》突《つ》く

目上や有力者の言うことを聞かず、反対の言動をとる。刃向かう。
＊厳しい出版取り締まりの中で、小説家たちは、お上に盾突く作品を次々に発表した。

抗弁《こうべん》

強い相手から批判や非難を受けた側が、対抗する主張を行うこと。

＊スピード違反で捕まった運転手は、他の車もやっていると抗弁したが、許されなかった。

反旗《はんき》を翻《ひるがえ》す

自分の上に立つ相手に従うことをやめ、反対する姿勢を取る。

＊現職の大統領に対し、一番の側近だった閣僚が反旗を翻し、大統領選挙に立候補した。

人・動物の様子

落ち込む

オチコム

うつむく

頭を垂れて顔を下に向ける。気落ち・恥ずかしさなどを表す姿勢。

＊授業について行けず、ずっとうつむいたままで、教師の顔を見ることもできない児童もいる。

しょげる

失敗・失望などのために、元気がなくなる。しゅんとなる。

＊学級委員は、時間をかけて作った席替えの案が皆に受け入れられず、すっかりしょげている。

項《うな》垂《だ》れる

気分が沈んだり、恥ずかしかったりして、力なくうつむく。

＊マネージャーは、試合に負けてうなだれる選手たちを、次は勝てると必死に励ました。

浮《う》かぬ顔《かお》

心配ごとや残念なことがあって、晴れない顔つき。浮かない顔。

＊観光客を当て込んだクレープの店は業績が上がらず、オーナーは浮かぬ顔をしている。

肩《かた》を落《お》とす

思いがかなえられず、がっくりと元気をなくした様子を見せる。
＊法律事務所の若い職員は、三度目の司法試験に失敗して、気の毒なほど肩を落としている。

萎《な》える

元気、勇気などの積極的な気持ちがなくなる。やる気をそがれる。
＊長引く病気のため、ともすると萎えそうになる心にむち打って、俳人は句作に励んだ。

悄然《しょうぜん》

しょんぼりと気分が落ちこんだ様子。「悄」はうれいに沈む様子を言う。
＊気に入っていた見合い相手から断りの返事をもらって、本家の長男は悄然とうなだれた。

意《い》気《き》消《しょう》沈《ちん》

すっかり元気をなくして沈み込むこと。しょげ返ること。
＊不景気が続くなか、海外から製品の大量注文があり、意気消沈していた工場は活気づいた。

人・動物の様子

眠る

ネムル

うたた寝《ね》

寝床ではない場所で、つい眠ること。「うたた」は「うとうと」の意味。

＊こたつでテレビを見るうち、いい気持ちになって、いつの間にかうたた寝をしてしまった。

すやすや

静かに（寝息を立てて）よく眠っている様子。また、その寝息の音。

＊子猫はミルクを飲んで安心したのか、間もなく寝床の中ですやすや眠り始めた。

眠《ねむ》りこける

起きる気配もなく眠り続ける。「こける」は程度の強さを表す。

＊一日中遊び回っていた息子はすっかり眠りこけて、座敷の話し声にも起きることはなかった。

熟睡《じゅくすい》

頭も体もすっかり休まるほど、ぐっすり眠ること。古語では「熟睡《うまい》」。

＊安眠できるという枕をあれこれ試してみたが、どれも自分には合わず、熟睡できなかった。

うとうと

ごく短い時間だけ、浅く眠る様子。まどろむ様子。とろとろ。

＊深夜まで作業をして疲れが出たせいか、翌日の勤務中についうとうとしてしまった。

居眠《いねむ》り

座った姿勢で眠ること。その場で横になってうたた寝する場合にも言う。

＊お婆《ばあ》さんは相手の話にうなずいているのかと思ったら、居眠りをしているのだった。

うつらうつら

ときどき目覚めたりしながら、浅く眠る様子。眠りかけの様子。

＊熱はもう下がったが、起き上がる気になれず、布団の中で一日中うつらうつらしていた。

舟《ふね》を漕《こ》ぐ

居眠りをして前後に揺れる。舟の櫓《ろ》をこぐ動作にたとえた表現。

＊古典の文章をただ訳し続けるだけの教授の授業では、あちこちに舟をこぐ学生が現れた。

1 2 3

人・動物の様子

衰える

オトロエル

傾《かたむ》く

商売・経営などがうまくいかなくなる。これまでの勢いが衰える。

＊実家はもともと裕福な商家だったが、戦後の混乱の中で、家業はだんだん傾いていった。

下火《したび》

流行したり話題になったりしていた物事が、勢いをなくすこと。

＊一世を風靡《ふうび》したアイドルだったが、不祥事の後は、すっかり人気が下火になってしまった。

耄碌《もうろく》

年を取って、頭や体の働きが衰えること。老いが訪れること。

＊近ごろは父もかなりもうろくして、知り合いの名前さえすぐに出てこないことがある。

弱体化《じゃくたいか》

体制や組織などが衰えて、問題に立ち向かう力が弱くなること。

＊主力選手が抜けて弱体化したチームを補強するため、球団は海外から選手を迎え入れた。

下《くだ》り坂《ざか》

勢いや数量などが、だんだんと衰えていく状況。下がり目。

＊斬新な製品が話題を呼んだメーカーも、絶頂期はごく短く、その後は長い下り坂が続いた。

憔悴《しょうすい》

心配や過労、病気などのために、やせ衰えること。やつれること。

＊刑事たちは脅迫事件の解決のため、昼も夜もなく捜査を続け、すっかり憔悴していた。

老朽《ろうきゅう》

古くなって十分役に立たなくなること。多く「老朽化」などの形で使う。
＊戦後造られたスタジアムはすでに老朽化し、新たにドーム球場が建設されることになった。

げっそり

急にやせ衰える様子。また、気力がなくなり嫌になる様子。
＊今後は毎日二十語の英単語を覚えさせられることになり、クラスの誰もがげっそりしている。

人・動物の様子

期待する・させる

キタイスル・サセル〈1〉

味《あじ》を占《し》める

一度うまくいったために、また同じような利益を得ようと期待する。

＊初めての競馬で大穴を当てて味を占めた若者は、それから馬券に金を注ぎ込むようになった。

当《あ》てにする

もしものときは、その人・物などに助けてもらえるだろうと期待する。

＊学生時代は実家からの仕送りを当てにして、ろくにバイトもせず遊んでばかりいた。

待望《たいぼう》

物事が起こったり、人材が現れたりすることを待ち望むこと。

＊大企業をテーマにした映画は大評判を呼び、続編を待望する声がやまなかった。

気《き》を持《も》たせる

期待させるようなことを言ったりしたりして、相手の気を引く。

＊結末がどうなるか、ずいぶん気を持たせたわりには、あっけない幕切れのドラマだった。

思《おも》わせぶり

いかにも意味がありそうな言動の様子。気を持たせる様子。

＊少女がわざと思わせぶりな返事をすると、少年は自分に都合よく解釈して希望を抱いた。

お約《やく》束《そく》

その状況で決まって起こると期待されること。よくある展開。お決まり。

＊アクション映画では、最悪の事態に陥ったヒーローが息を吹き返し、勝利するのがお約束だ。

首《くび》を長《なが》くする

早く実現してほしいと思いつつ、待ち焦がれる。首をのばす。

＊サンタクロースへの手紙を出してから、園児たちはクリスマスを首を長くして待っていた。

鶴《かく》首《しゅ》

ツルのように首を長くのばして待ち望むこと。手紙でも使う言葉。

＊何とぞよいお知らせがいただけますよう、鶴首してお待ち申し上げております。

人・動物の様子

期待する・させる

キタイスル・サセル〈2〉

嘱望《しょくぼう》

人の将来に期待すること。望みを託すこと。「嘱」はゆだねる意味。

＊前途を嘱望されていた若手議員のスキャンダルが発覚すると、世間の評価は一変した。

うずうず

早くそれをしたくて、落ち着かない様子。我慢できない様子。

＊雨のため二日連続でゲームが延期になり、選手たちは早く試合がしたくてうずうずしていた。

末《すえ》頼《たの》もしい

その人の行く末が頼もしく感じられる様子だ。将来が有望だ。

＊武将が召し使う少年は、美形である上に知恵も勇気もあって、なかなか末頼もしく思われた。

人《ひと》戯《そば》え

人前で、わざとふざけたり、はしゃいだりすること。古風な言葉。

＊ずいぶん酒が入っているらしく、侍は客の前で、ことさら女将《おかみ》に人そばえをしかけた。

空《そら》頼《だの》め

当てにならないことに、ことさら期待を持たせること。古風な言葉。

＊編集長は作家に対し、月末に原稿料を振り込むと言ったが、どうやら空頼めになりそうだった。

むずむず

早くそれがやりたくて、また、自分でそれができず、もどかしく思う。

＊世界に一軒しかない家を建ててくれと注文されて、建築家は腕がむずむずしてきた。

どきつく

不安や期待で胸がどきどきする。胸騒ぎがする。古風な言葉。
＊客間に出た長女が顔を赤らめながら挨拶すると、若い銀行員は胸がどきつくのを覚えた。

待《ま》ち焦《こ》がれる

今か今かと、切実な思いで待ち望む。じりじりしながら待つ。
＊寒い季節もようやく終わり、私たちの待ち焦がれた野山歩きのシーズンが到来した。

人・動物の様子

期待外れ

キタイハズレ

当《あ》てが外《はず》れる

期待していたのと違った結果になる。見込みが違う。期待に反する。

＊大型イベントを誘致したが、予想外に客足が伸びず、地元自治体は当てが外れてしまった。

すかを食《く》う

期待を裏切られる。肩すかしを食わされる。古風で俗な言い方。

＊なぜかその映画館は上映予定が急に変わることが多く、私は何度もすかを食った。

伸《の》び悩《なや》む

成績などが期待よりも伸びなくなる。予想よりも停滞する。

＊大型新人と期待されてプロサッカーに入った選手だったが、予想外に伸び悩んでいる。

すかたん

期待外れなこと。「すかを食う」の「すか」の元になった関西方言。

＊静かにデートしようと思って訪れた美術展は大混雑で、二人の計画はスカタンに終わった。

幻《げん》滅《めつ》

あらかじめ抱いていたイメージと現実が違って、がっかりすること。

＊長年ファンだった俳優を取材したインタビュアーは、彼の高飛車な態度に幻滅を感じた。

時間の移り変わりは動詞で描いてみる

様子を描くことばには、「赤い」など「〜い」の形になるもの（形容詞）、「複雑な」など「〜な」の形になるもの（形容動詞）があります。それだけでなく、「赤らむ」「入り組む」のように動詞を使う場合もあります。

「赤い」と「赤らむ」はどう違うのでしょうか。「赤い顔」も「赤らんだ顔」もほとんど同じように思われます。でも、「赤い顔」は以前から赤かったかもしれませんが、「赤らんだ顔」は、もとは白かった顔が、お酒を飲んだりして赤くなったという感じがあります。

また、「複雑な構造」と「入り組んだ構造」にも同様の違いがあります。「複雑な構造」は「いつから複雑になったか」は問題にしませんが、「入り組んだ構造」は、別の物が入ったり、組み合わさったりして、だんだん複雑になってきたという感じが含まれます。

つまり、「赤らむ」「入り組む」のように動詞を使うと、時間の移り変わる様子が表現されるのです。「青い顔」と「青ざめた顔」、「静かな部屋」と「静まり返った部屋」を比べても、このことは分かるでしょう。動詞を用いることで、時間的な変化が鮮明に描けるのです。

擬音語や擬態語も同じことが言えます。「ガタガタ」の場合、「ガタガタな」（形容動詞）と「ガタガタする」（動詞）では感じが変わります。「ガタガタなイス（ガタガタのイス）」は壊れかけて座りにくい様子を描くのに対し、「ガタガタするイス」はガタガタと揺れ動く様子を描き、時間的な変化を表します。

ものごとの様子

新しい

アタラシイ

新規《しんき》

これまでのものとは別に作られたり、生じたりして、新しいこと。

＊レストランは評判が評判を呼んで繁盛し、新規に支店を開く資金も貯まってきた。

新《あら》たな

これまでと違って、新しい様子。これまでとやり方を変える様子。

＊教師たちは、卒業生全員による旅立ちの言葉を聞きながら、彼らの新たな門出を祝った。

真《ま》新《あたら》しい

材料・製品などが、まだ少しも使われていなくて、本当に新しい。

＊桜の咲く頃になると、真新しい制服やスーツに身を包んだ人々が街を行き交うようになる。

新《しん》機《き》軸《じく》

これまでにはなかった、新しい考え方に基づいた工夫や方法。
＊新しい大統領は、外交政策に関して、前の政権では考えられなかった新機軸を打ち出した。

新《しん》風《ぷう》

これまでの退屈な雰囲気を吹き飛ばすような、新しい方法や考え方。
＊サブカルチャーの影響を受けた若い画家の作品は、絵画界に爽やかな新風を吹き込んだ。

斬《ざん》新《しん》

発想・方法などが、これまでとはまったく違って新しいこと。
＊新製品の万年筆は、ソフトな書き味と斬新なデザインが反響を呼び、爆発的にヒットした。

新《しん》型《がた》

これまでとは異なる、新しい型や形式。また、それに分類されるもの。
＊モーターショーに登場した新型のＥＶ車は、かつてなく環境に配慮した機能で話題を呼んだ。

ほやほや

新しくて、まだ湯気が立っているように感じられる様子。
＊車窓に流れる景色を指差しながら、新婚ほやほやの二人の会話は途切れることがなかった。

ものごとの様子

古い

フルイ

古《ふる》ぼける

古びて薄汚れた感じになる。古くて色や形がはっきりしなくなる。

＊封筒から出てきた古ぼけた写真には、まだ若い頃の祖父母の姿が並んで写っていた。

年《とし》を経《へ》る

長い年月が過ぎる。長い年月を超える。また、年齢を重ねる。

＊山の中にぽつんと建つ一軒家は、空き家になって年を経ていたが、傷んだ様子はなかった。

昔《むかし》ながら

昔の方法・雰囲気などが、ずっと変わっていないこと。昔のまま。

＊名物のだんごは、昔ながらの手作りで、炭火焼きの香ばしい風味が人々に愛されている。

古《ふる》めかしい

方法・様式などが古く感じられる。昔の時代の特徴がある。

＊物置で見つけた古めかしい柱時計は、ねじを巻くと動き出し、まだ使えそうだった。

古式《こしき》

儀式・作法などで、昔から伝わってきた方式。古来のやり方。

＊例祭の日、神社では、神職たちが古式に則って神に捧げ物をする行事をとり行った。

旧式《きゅうしき》

方式や型、デザイン、考え方などが、以前のものであること。

＊兄弟が乗っていた漁船は、旧式だがとても頑丈で、少々波が荒れても、びくともしなかった。

古臭《ふるくさ》い

古くて、今ではあまり価値が感じられない。また、古ぼけた感じだ。

＊老いたコメディアンの芸は観客にとってひどく古くさく感じられ、拍手もまばらだった。

古色蒼然《こしょくそうぜん》

はっきりと古くなった様子。「蒼然」は、青黒く古びた様子を言う。

＊寺の石段を上がっていくと、なんとも古色蒼然とした瓦屋根の山門が私たちを出迎えた。

ものごとの様子

大きい

オオキイ

大《おお》いなる

規模が大きい様子。雄大さや偉大さが感じられる様子。

＊山や湖など、大いなる自然に抱かれたこの一帯は、豊かな農産物に恵まれている。

特《とく》大《だい》

特別に大きいこと。小・中・大の区分に収まらないほどの大きさ。

＊テストでいい点を取った娘のために、母は張り切って特大のハンバーグを作った。

馬《ば》鹿《か》でかい

常識外れで異様だと思われるほど大きい。むだに大きい。

＊年末が近づき、ショッピングセンターの広場には馬鹿でかいクリスマスツリーが飾られた。

大《おお》型《がた》

型や形式に大小の区別があるもののうちで、大きいもの。

＊大型の台風が近づいた夜、島の人々は雨戸に釘を打ちつけるなど、対策に追われた。

大《おお》ぶり

同類の中で大きめである様子。道具・果実など、いろいろな物に使う。

＊百貨店の展示会場では、大ぶりの高貴な白磁の皿が、ひときわ来場者の目を引いた。

大《だい》規《き》模《ぼ》

規模が大きい様子。物事が本格的で、広い範囲にわたる様子。

＊駅周辺では大規模な再開発プロジェクトが進行し、街並みも人の流れも大きく変わった。

大《おお》掛《が》かり

規模が大きくて、多くの人手や費用がかかる様子。大仕掛け。

＊新作ミュージカルのために、巨大な恐竜の模型を含む大掛かりな舞台装置が作られた。

超《ちょう》弩《ど》級《きゅう》

けた外れに大きく強力なこと。「弩」は戦艦ドレッドノートのこと。

＊発見された古墳は、規模も重要性もまさしく超弩級で、研究者の誰もが認める歴史遺産だった。

ものごとの様子

小さい

チイサイ

こぢんまり

小さいなりにも、ほどよくまとまって、落ち着きがある様子。

＊宿泊した旅館にはこぢんまりとした中庭があって、植木にうっすらと雪が積もっていた。

小型《こがた》

型や形式に大小の区別があるもののうちで、小さいもの。

＊青年はたったひとりで小型のヨットに乗り、およそ三か月かけて太平洋を横断した。

ちっぽけ

小さくて、大したことがない様子。価値を秘めている場合もある。

＊恋人がくれた指輪には、ちっぽけだが、見たこともないほど輝く石がはめられていた。

小《こ》ぶり

同類の中で小さめである様子。道具・花など、いろいろな物に使う。

＊山腹の桜の木には、小ぶりの花がびっしりとついて、今を盛りと咲き誇っていた。

小作《こづく》り

顔や体などのつくりが小さい様子。建築などの形容にも使う。

＊画家のもとを訪れたモデルは、小作りな身体で、顔立ちもどことい って特徴がなかった。

小規模《しょうきぼ》

規模が小さい様子。物事が控えめに、狭い範囲で行われる様子。

＊バンドの復帰コンサートは、ファンとの距離が近い小規模なライブハウスで行われた。

極小《きょくしょう》

極めて小さい様子。考えられるかぎり、一番小さい状態。

＊サイバー攻撃による被害を極小にするため、これまでの対策を大幅に見直す必要がある。

豆粒《まめつぶ》

豆の一つ一つの粒。また、そのように小さいもののたとえ。

＊ビルの屋上の展望台から見下ろすと、道路を行き交う車がほとんど豆粒に見えた。

ものごとの様子

高い・低い

タカイ・ヒクイ

小《こ》高《だか》い

土地が周囲より少しだけ高い。山や丘、土手などの場合に言う。

＊高校の校舎は、市街地からは少し離れ、港が一望できる小高い丘の上にあった。

高《たか》々《だか》

高くてよく目立つ様子。ものを掲げたり、声を上げたりする場合に使う。

＊マラソンの先頭走者は両手を高々と挙げて、声援がこだまするゴールに飛び込んだ。

高《たか》らか

みんなに分かるほど、声や音が高い様子。また、高く掲げる様子。

＊行進曲が高らかに鳴り響くなか、新婦は父親とともに、ゆっくりとバージンロードを進んだ。

堆《うずたか》い

盛り上がったり、積み重なったりして、高くなった状態だ。

＊教授の書斎の床には書物がうずたかく積み上げられていて、ほとんど足の踏み場もなかった。

低《ひく》まる

程度や状態が低くなる。土地の形状や数量、音声などに言う。
＊広大な砂漠が、波のように高まったり低まったりしながら、どこまでも続いていた。

どん底《ぞこ》

これより低い所がないという一番の底。最低・最悪の状態。
＊業績不振に苦しんだ企業は、社員のアイデアを積極的に取り上げ、どん底からはい上がった。

最低《さいてい》

数量・程度などが一番低い様子。感動詞的に「最低！」とも言う。
＊待ち合わせの相手が来ない上に、雨に降られ、服も台なしになるという最低の一日だった。

奈落《ならく》の底《そこ》

夢も希望もない最悪の状況。元は、仏教で地獄の底を言った。
＊その年に発生した金融危機で、企業経営者たちは奈落の底に突き落とされることになった。

ものごとの様子

高い・安い

タカイ・ヤスイ

手《て》が出《で》ない

値段が高すぎて、自分の稼ぎや小遣いでは買うことができない。

＊書店でいつも目にする図鑑がほしくてたまらなかったが、子どもの私には手が出なかった。

馬《ば》鹿《か》高《たか》い

あきれるほど高い。多く値段に言うが、山や建物、声、数値などにも言う。

＊ヨーロッパを巡るツアー料金はばか高かったが、一生に一度の家族旅行だと思って申し込んだ。

割《わり》高《だか》

品質や分量、利用する時間などのわりに、値段が高い様子。

＊ホテルの料理は割高だったが、きれいな景色を眺めながら食事ができたので不満はなかった。

高《こう》価《か》

値段が高いこと。多くは、それに見合う価値がある場合に言う。

＊結婚祝いに恩師から贈られたティーカップは、かなり高価なものだと一目で分かった。

安《あん》価《か》

値段が安いこと。多くは、それでも十分な質がある場合に言う。

＊その小さな出版社の一番の目的は、優れた内容の本を読者に安価で提供することだった。

格《かく》安《やす》

ほかの同類の品物より、値段が格段に安いこと。割安の意味でも使う。

＊いつも買い物に行くスーパーは、生鮮食品が格安で、その割には品質も優れている。

低《てい》廉《れん》

値段が安い様子。「低廉化」「低廉性」などの熟語で使う。硬い言葉。

＊経済成長が達成できた理由の一つとして、当時はまだ石油が低廉だったことが挙げられる。

二《に》束《そく》三《さん》文《もん》

まとめて売られる品物の値段がとても安いこと。また、そのような値段。

＊今月の生活費がついになくなったので、大事な本を二束三文で古書店に売ってしまった。

ものごとの様子

長い

ナガイ

長大《ちょうだい》

長くて規模が大きい様子。「重厚長大」は、大型の工業製品の形容。
＊ベストセラーとなった児童小説は長大な物語で、親子三代の魔法使いの生涯を描いている。

冗長《じょうちょう》

話や文章などが、長くてむだが多い様子。くだくだしい様子。
＊壇上で話し続ける来賓の祝辞は、聞き取りにくい上にひどく冗長で、聴衆は退屈しきっていた。

縦長《たてなが》

物の形が目立つほど縦に長いこと。多く、四角形・立方体などに言う。
＊年末になると購入するお気に入りの手帳は、黒い表紙で縦長のしゃれたデザインだ。

長々《ながなが》

ひどく長く感じられる様子。時間的にも空間的にも言う。
＊草むらの中で音がするので目を凝らすと、そこには長々と横たわるアオダイショウがいた。

細長《ほそなが》い

細くて長い。ひもや帯、管、通路、手足など種々のものに言う。
＊私の住む市は東西に細長く、東と西とでは使う言葉にも微妙な違いがあるほどだ。

長蛇《ちょうだ》の列《れつ》

まるでヘビの体のように、長々とうねりながら続く人々の列。
＊久々に出かけたテーマパークは、どのアトラクションも長蛇の列で、並ぶだけで疲れ切った。

ひょろ長《なが》い

ひょろりと長い。細くしなやかで長い。多く、体や草木などに言う。

＊パンジーの芽をしっかり日光に当てなかったせいで、茎がひょろ長くなってしまった。

蜿《えん》蜒《えん》

ヘビなどがうねりながら行く様子。また、道などがうねる様子。

＊久しぶりのゴッホ展とあって、美術館の前には朝からえんえんと行列ができていた。

ものごとの様子

短い

ミジカイ

最短《さいたん》

距離や時間などが最も短いこと。物の長さにはあまり使わない。

＊オープン戦をけがで欠場した主力選手の復帰は、最短で二週間かかると発表された。

丈短《たけみじか》

衣服が、幅のわりに丈が短いこと。「短丈《みじかたけ》」「たけみじ」とも言う。

＊初めての給料で買った白い丈短のパンツをはいて、表通りをさっそうと歩いてみた。

短尺《たんじゃく》

長さがあまりない様子。時間が短い様子。「短冊」の意味でも使う。

＊CMの動画は、むだに長くするより、短尺で強く印象づけるほうが効果的な場合もある。

つんつるてん

衣服の丈が合っていなくて、手足やひざが少し出てしまっていること。

＊一年生の時に買った浴衣は、一年たつともうつんつるてんで、ちょっとかっこ悪かった。

短小《たんしょう》

規模が小さく、また短い様子。「軽薄短小」は、小型製品などの形容。

＊若くして亡くなった詩人は、比較的短小な形式の叙情性豊かな詩を多く残している。

約《つづ》める

短く縮める。特に、言葉などを省略したり、要約したりする。

＊下宿人は家賃の遅れについて言い訳したが、つづめて言えば今月も収入がなかったらしい。

寸《すん》詰《づ》まり

普通よりも寸法が短い様子。特に、衣服の寸法などに言う。

＊裾上げをしてもらったスラックスは明らかに寸詰まりで、歩くとソックスが丸見えになった。

寸《すん》足《た》らず

必要な寸法が足りない様子。また、内容が十分でない様子。

＊今回執筆した論文は、時間的な制約もあり、いささか寸足らずの論考になってしまった。

ものごとの様子

近い・遠い

チカイ・トオイ

至近《しきん》

距離が非常に近いこと。「至近距離」「至近弾」などの熟語で使う。

＊新しく入居したマンションは、静かでありながら、駅や商店街に至近でとても立地がいい。

程《ほど》近《ちか》い

そこまでの道のりが近い。時間的に近いことを言う場合もある。

＊新鮮な魚が食べたくて、漁港からほど近い料理店を訪ね、刺身料理を心ゆくまで味わった。

間近《まぢか》

そこに至る時間や距離が、あまりない様子。間隔が近い様子。

＊演奏会が間近に迫ってくると、部員たちの不安は募り、練習時間も長くなりがちだった。

目《め》と鼻《はな》の先《さき》

すぐ近くにある場所。目と鼻の間ほどしか離れていない場所。

＊地元には量販店が一つしかなかったが、つい目と鼻の先に大型の競合店がオープンした。

遥《はる》か

距離や年月が遠く隔たっている様子。また、違いが大きい様子。

＊湖の付近には、はるかな昔、ナウマン象などの大型動物が生息していたと考えられている。

程《ほど》遠《とお》い

時間や空間の隔たりが、かなり大きい。また、理想との違いが大きい。

＊引っ越しはすんだものの、ひどい散らかりようで、人を呼べる状態にはほど遠い。

間《ま》遠《どお》

時間的、空間的に隔たる様子。繰り返しの間隔があく様子。

＊学生街のカフェに、一時は頻繁に通ったが、卒業してからは間遠になってしまった。

遠《えん》方《ぼう》

遠くのほう。遠い所。百貨店の隠語では、トイレのことを言った。

＊年の瀬はとにかく忙しく、あちこちに用事ができて、遠方に出かけることも多くなった。

ものごとの様子

硬い・軟らかい

カタイ・ヤワラカイ

堅《けん》固《ご》

建物などがしっかりと堅くて、壊れたり、破られたりしにくい様子。
＊敵の城は、堀も深く、城壁が幾重にも張りめぐらされ、きわめて堅固に造られていた。

堅《けん》牢《ろう》

骨組みがしっかりと丈夫で、壊れたり破れたりしにくい様子。
＊個人情報の流出を防止するため、セキュリティーを高めた堅牢なシステムが構築された。

かちかち

水分などが固まったり、なくなったりした様子。また、緊張などで体がこわばった様子。
＊冷凍室の奥で見つけたアイスクリームは、カチカチの氷になっていた。

凝《こ》り固《かた》まる

動きにくく固くなる。また、一つの考えなどにしがみつく。
＊机に向かう仕事なので、筋肉が凝り固まらないよう、朝晩ストレッチをやっている。

軟《なん》質《しつ》

軟らかい性質。各種素材のほか、考え方などにも使う。反対語は「硬質」。
＊使っているスマホケースは軟質プラスチックでよく手になじみ、とても使い心地がいい。

軟《なん》弱《じゃく》

土台の役目をするものが、軟らかくて弱い様子。また、意志や態度などが弱い様子。
＊地盤が極めて軟弱な埋め立て地にタワーマンションが林立している。

柔《じゅう》軟《なん》

形・考え方などを、軟らかく変えられる様子。軟らかでしなやか。
＊鉄棒につかまった選手は、力強く回転しながら、ネコのように柔軟に体の形を変えた。

しなやか

力が加わっても折れず、よくしなう様子。また、体の動きがやわらかく、なめらかな様子。
＊バレリーナは、リズムに合わせてしなやかな身のこなしを見せた。

ものごとの様子

厚い・薄い

アツイ・ウスイ

分厚《ぶあつ》い

かなり厚い印象だ。元は「分厚の」「分厚な」の形で使うことが多かった。

＊評判の歴史ミステリーは分厚い本なのに、面白すぎて半日で読み終えてしまった。

厚手《あつで》

布・紙・入れ物などの、厚みがある様子。多く「厚手の」の形で使う。

＊朝からひどく冷え込んでいたので、お気に入りの厚手のコートをはおって出かけた。

厚地《あつじ》

布地が厚いこと。また、厚い布地。まれに、厚い紙などにも言う。

＊ガラス窓を通して冷気が入って来る季節になったので、カーテンを厚地のものに変えた。

肉《にく》厚《あつ》

肉が厚い様子。食肉のほか、果肉や身体の肉、素材の厚みにも言う。

＊とても大きくて肉厚なシイタケをいただいたので、そのまま網で焼いて食べることにした。

薄《うす》手《で》

布・紙・入れ物などの厚みがない様子。ほかに、浅い傷にも言う。

＊薄手のレースが幾重にも重なった花嫁のドレスは、ふんわりと上品で美しかった。

薄《うす》地《じ》

布地が薄いこと。薄い布地。「はくじ」と読むと、不毛の土地の意味。

＊コットン素材の薄地の下着は、通気性がよく、暑い夏にもってこいだ。汗を吸収してくれて、暑い夏にもってこいだ。

薄《うす》べったい

薄くて平べったい。薄くて中身があまり入っていない感じだ。

＊夜具といえば薄べったい布団一枚しかなく、あまりの寒さに夜中に目が覚めてしまった。

薄《うす》っぺら

ぺらぺらと薄くて、安っぽい様子。また、内容が薄い様子。

＊古参の社員は、長年勤めた会社から突然、薄っぺらい紙一枚を渡され、解雇を通知された。

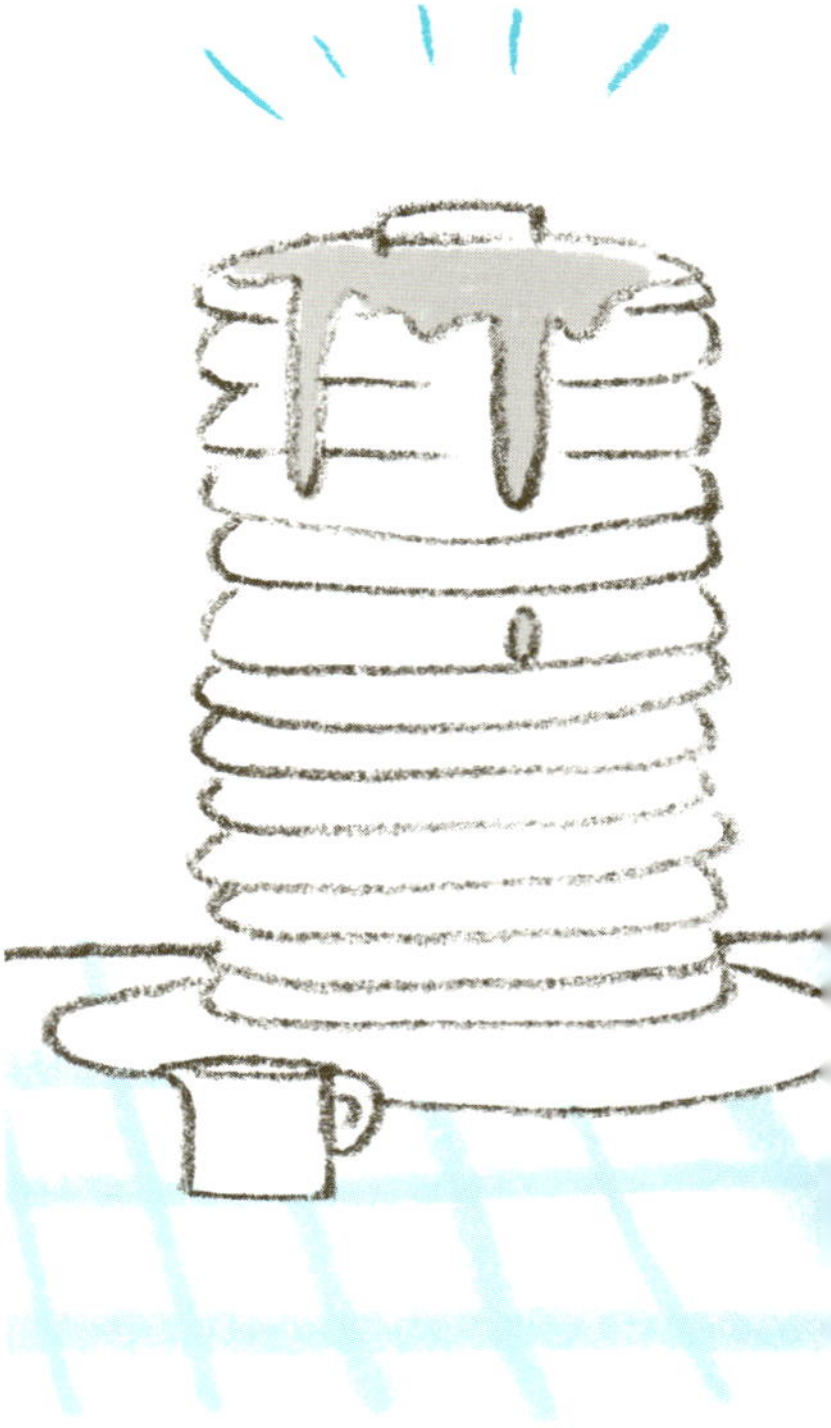

ものごとの様子

濃い・薄い

コイ・ウスイ

深《ふか》い

底までの距離が長い。また、色や香りが濃く、微妙な味わいがある。
＊画家は深い緑色を駆使して、草木の生い茂る夏の野山を、大きなキャンバスに表現した。

濃《のう》厚《こう》

味や色、液体などが濃い様子。また、傾向や程度などが強い様子。
＊牧場でしぼった牛乳は濃厚で豊かな風味があり、料理に使うと格別の味わいをもたらした。

色《いろ》濃《こ》い

特徴や傾向、印象などが強く表れている。また、ものの色が濃い。
＊その頃はすでに都市化が進みつつあったが、近所にはまだ武蔵野《むさしの》の面影が色濃く残っていた。

濃《のう》密《みつ》

密度が濃い様子。また、むせかえるほど強い印象がある様子。
＊野の草は夏の暑さにしおれかけながらも、濃密な匂いを風に乗せて遠くまで届けていた。

浅《あさ》い

底までの距離が短い。また、色や香り、味わいなどの度合いが薄い。

＊鍋に入れた山菜が煮え立つと、浅い春の香りが広がり、郷里の山々を思い出させた。

希《き》薄《はく》

液体や気体が薄い様子。また、数や度合いが小さく物足りない様子。

＊会議のメンバーは環境問題についての当事者意識が希薄で、解決策を示すことができなかった。

淡《あわ》い

色や味、光などが薄くてはっきりしない。また、気持ちが強くない。

＊朝日の淡い光が空に差し始め、星々とともに群青の夜が褪《あ》せていく様子は幻想的だった。

うっすら

厚さ・濃さなどが、わずかに感じ取れる様子。かすか。ほのか。

＊昨日降った雪は、もう道端にうっすら残っているだけで、小さな雪だるまも作れなかった。

ものごとの様子

広い・狭い

ヒロイ・セマイ

幅広《はばひろ》い

普通よりも幅が広い。また、関係する範囲が広い。はばびろい。

＊これまで市民の視点に立って活動を続けてきた候補者は、幅広い層から支持を得て当選した。

広大《こうだい》

広くて大きい様子。「広大無辺」（広大で果てしない様子）とも。

＊農場には、広大で緑豊かな牧草地が広がり、さまざまな品種の牛が飼育されている。

だだっ広《ぴろ》い

必要以上に思えるほど広い。「だだ」は程度が並外れていることを表す。

＊だだっ広い野原には、背の低い草のほかは何もなく、子どもたちは自由気ままに駆け回った。

手狭《てぜま》

家や部屋などの空間が、生活や仕事などをするためには狭い様子。

＊社員が増えて事務所が手狭になってきたので、郊外のオフィスに引っ越すことにした。

広々《ひろびろ》

広いという印象が強く感じられる様子。いかにも広い様子。

＊城の中には、天井が高く広々とした部屋がいくつもあり、王族たちの権威を感じさせた。

狭小《きょうしょう》

狭くて小さい様子。土地や家屋のほか、視野や精神などにもいう。

＊アパートが狭小で収納スペースがないので、家具や家電は必要最小限のものしか持っていない。

窮《きゅう》屈《くつ》

自由に動ける範囲が限られている様子。心がのびのびできない様子。
＊乗り込んだ小型機は座席の間隔が狭かったため、家族は窮屈な思いをするはめになった。

狭《せま》苦《くる》しい

狭くて余裕がなく、不自由な感じだ。空間のほか、考え方などにも言う。
＊宿営地の兵士たちは、狭苦しい兵舎のベッドの上で、疲れた身体を休ませていた。

ものごとの様子

深い

フカイ

深《ふか》まる

いっそう深くなる。程度がますます大きく、はっきりする。

＊夜が深まるにつれて、森の中の静けさは増し、虫の声だけがかすかに響いていた。

深《しん》化《か》

いっそう深くなる、または深くする。思考など抽象的なものに言う。

＊若い社会学者は研究を進めるにつれ、文化の変容に関する理論を深化させていった。

奥《おく》深《ぶか》い

奥まで見通しにくいほど深い。また、意味合いなどが深い。

＊マスターはコーヒーにかける手間を惜しまず、さらに奥深い香りと味を追求している。

根《ね》深《ぶか》い

原因などが根本的で、簡単には取り除けない。深く根を張っている。

＊過去に何度も裏切られた経験から、住民は行政に対して根深い不信感を持っていた。

深々《しんしん》

夜が更ける様子。雪が静かに降る場合などは、ひらがなで書く。

＊夜は深々と静かに更けていき、眼下に広がる太平洋も、次第に夜の闇に黒く沈んでいった。

更《ふ》け行《ゆ》く

夜が深くなっていく。更けていく。詩歌などによく使われる言葉。

＊秋の夜が更け行き、空気が澄んでくると、月は輝きを増し、周囲を明るく照らし出した。

深《しん》遠《えん》

海などが非常に深い様子。また、意味・考えなどが深く難しい様子。

＊作曲家が書き上げた交響曲には、自らの体験に基づいた深遠な意味が込められていた。

深《しん》層《そう》

海などの深い底の部分にある層。また、奥深く隠れている部分。

＊検事は証拠と証言を積み重ねて、被告人の過去を明らかにし、事件の深層に迫ろうとした。

ものごとの様子

複雑

フクザツ

込《こ》み入《い》る

話・事情などが、あちこちで枝分かれしたり、つながったりして、分かりにくくなる。

＊授業で指定された参考書は込み入った説明が多く、読みにくかった。

入《い》り組《く》む

あちこちで曲がったり、部分と部分がつながったり重なったりして、分かりにくい状態になる。

＊港の周辺の海岸線は入り組んだ地形で、天然の防波堤になっている。

煩《はん》雑《ざつ》

複雑に込み入って煩わしい様子。嫌になるほど複雑な様子。

＊税金の申告の手続きが煩雑で面倒だったので、次の年からオンラインですませることにした。

繁《はん》雑《ざつ》

複雑で手間がかかる様子。新聞ではこの意味でも「煩雑」を使う。

＊経理の仕事は繁雑な作業が多かったが、新システムが導入されてからはずいぶん楽になった。

紆余曲折《うよきょくせつ》

「紆余」も「曲折」も曲がりくねること。物事が順調に行かず、いろいろと事情が変わること。
＊今度の国際会議は紆余曲折があったが、なんとか合意にこぎ着けた。

くだくだしい

説明などに、むだや繰り返しが多く、長くなってわずらわしい。
＊今回のドラマが有名な実話に基づいていることは、くだくだしく解説する必要もないだろう。

手《て》が込《こ》む

細かい所まで手間をかけて準備したり、作ったりしてある。
＊毎日の弁当は、特に手の込んだものは作れないが、栄養のバランスにだけは気をつけている。

ややこしい

物事がからみ合っていて、すっきりと整理・理解することが難しい。
＊アパートの住人同士が表で口論していたら、警察官までやって来て、話がややこしくなった。

ものごとの様子

珍しい

メズラシイ

未曽有《みぞう》

これまでにないほど異例・重大な様子。「未《いま》だ曽《かつ》て有《あ》らず」から。

＊物資輸送の際の安全管理が不十分だったため、未曾有の大事故につながってしまった。

類《たぐ》い稀《まれ》

それと同等の性質・水準のものが、ほかにはほとんどない様子。

＊優れた指導者のもと、サッカー少女はたぐいまれな才能を開花させ、世界の舞台に躍り出た。

希《き》少《しょう》

とても少なくて、めったに目にしたり、手に入れたりできない様子。

＊世界自然遺産となったこの森には、ほかでは見られない希少な動植物が多くすんでいる。

奇特《きとく》

普通はなかなかできないことをして、感心な様子。最近は、趣味などが珍しい様子も言う。
＊公民館の修理のために寄付をしてくれるとは、なんて奇特な人だろう。

奇貨《きか》

うまく利用できそうな思いがけない機会。元は「珍しい品物」の意味。
＊首相のうっかりした発言を奇貨として、政敵たちは彼を引きずり降ろそうと動き始めた。

空前絶後《くうぜんぜつご》

過去に例がなく、将来も二度と起こらないだろうと思われること。
＊メジャーリーグのある投手は、合計七回のノーヒットノーランという空前絶後の記録を残した。

奇々《きき》

文語で、珍しく奇妙な様子。なお「奇々怪々」は「奇怪」の強調形。
＊熱帯に産するジャックフルーツは、ひと抱えほどにもなる大きさの奇々なる実をつける。

稀有《けう》

めったにないほど珍しい様子。才能などを褒めて言うことも多い。
＊主演俳優は何十年もスターの座にあって絶大な支持を集める、芸能界では稀有な存在だ。

ものごとの様子

美しい・きれい

ウツクシイ・キレイ

綾《あや》なす

（きれいに）作り上げる。元は、きれいな模様を作ったり、色をつけたりするという意味。

＊朝日が昇るにつれて、東の空に光のグラデーションが綾なされた。

絵《え》になる

絵に描くといい作品になると思われるほど、形や構図が整っている。

＊人気モデルは、髪をかき上げる何気ない仕草でさえも、見事に絵になるポーズをとる。

奕《えき》々《えき》

文語で、光り輝く様子。美しい様子。「神采《しんさい》（優れた姿）奕々たり」などとも使う。

＊歴史上の個性的な人物を描写するとき、作者の筆は奕々として輝いた。

花《か》鳥《ちょう》風《ふう》月《げつ》

四季折々に目にする美しい自然の風景。詩歌に詠まれるような景色。

＊歌人は若くして出家し、わずらわしい都会を離れて、花鳥風月を友とする静かな生活に入った。

清《きよ》らか

汚れや濁りがなくて、美しい様子。水や空気、人の心などに言う。

＊ワサビは特有の生育環境が必要で、涼しい山間部の清らかな渓流でしか育たない。

華《か》麗《れい》

華やかで美しい様子。美術・人の行動などに言うことが多い。

＊ディフェンダーは華麗な身のこなしで相手のボールを奪い、ゴールに向かって突進した。

小綺麗《こぎれい》

身なりや家屋、庭などが、なかなか整っていて、きれいな様子。
＊街道の両側には、料理店やみやげ物店など、瓦屋根の小ぎれいな商店が軒を連ねていた。

煌《きら》びやか

きらきらと光り輝くように派手で、美しい様子。服装・飾りなどに言う。
＊幕が上がると、きらびやかな衣裳に身を包んだ俳優たちが歌とダンスを繰り広げた。

ものごとの様子

汚い

キタナイ

薄《うす》汚《ぎたな》い

なんとなく汚い。また、人の行為などが卑劣な感じがする。

＊風が吹くと路上には黄色い土ぼこりが舞い上がり、辺り一面の空気を薄汚くよごした。

汚《きたな》らしい

いかにも汚い感じがする。「らしい」は、主観を強調する言い方。

＊釣り人は川沿いを歩きながら、時々黒ずんだ汚らしいタオルで額の汗をぬぐった。

汚《けが》らわしい

けがれていて、近づきたくない。倫理に反していて、吐き気がする。

＊深窓に育った令嬢にとって、名前も知らない人物からの恋文は、見るのさえ汚らわしかった。

小《こ》汚《ぎたな》い

ちょっと汚い。この場合の「小」は、軽蔑を含んだ言い方。

＊夜更けとともに空腹が耐えがたくなり、一軒だけ営業していた小汚い食堂に入った。

ばっちい

「（汚れ・ばい菌などがついて）汚い」の意味の児童語。ばばっちい。

＊幼稚園児の女の子は、床に落としたビスケットを「バッチいから」と食べようとしなかった。

命あるものの描写と命なきものの描写

人や動物など命あるものを描写する場合と、それ以外のものを描写する場合では、しばしば、使うことばに違いがあります。

たとえば、人や動物は「いる」、物事は「ある」と表現します。これは日本語などの言語に特徴的な区別です。英語や中国語などには、日本語のような厳密な区別はありません。

音を出す表現でも、人や動物は「なく」(泣く・鳴く)と言いますが、物は「鳴る」と言います。中国語の「鳴」は、動物にも物にも使うので、日本語とは異なります。

移動の場合はどうでしょう。人や動物は「歩く」「走る」を使います。人の乗った車や船も「走る」です。これに対し、川の水は「流れる」、風は「吹く」「流れる」など、それぞれ決まったことばがあります。

ここに工夫の余地があります。命あるものに使うことばと、命なきものに使うことばを入れ替えてみると、独特の効果が出ます。

たとえば、「空き地にトラックがあった」の代わりに「トラックがいた」と言うと、人が乗り込んでいるニュアンスが加わります。一方、「通りを人々が歩いて行く」を、「人々が流れて行く」と言うと、人々の動きが川の流れのようだという感じが強調されます。

このような工夫は、いわゆる「擬人化」をねらう場合も多いのですが、効果はそれだけにとどまりません。人や動物、物事の区別にとらわれず、自由にことばを使うことで、最もふさわしい描写を実現することができます。

ものごとの様子

増える

フエル

高《こう》じる

気持ち・行動などの度合いが強くなり、新しい段階を迎えるまでになる。
＊骨とう店の主人は学生時代から美術品が好きだったが、趣味が高じて自分で商売を始めた。

増殖《ぞうしょく》

細胞や細菌、動植物、物質などが増えること。お金などには使わない。
＊まな板をぬれたままにすると細菌が増殖して不潔なので、いつも乾かしておきたい。

嵩《かさ》む

お金やものが、思ったよりも、どんどん多く必要になる。
＊最初のいい加減な計画のせいで、マンション建設の費用は予想外にかさんでしまった。

激増《げきぞう》

数量が激しく増えること。短い間に驚くほど多くなること。
＊日本が高度成長を迎えた時期、自動車の数が増え、交通事故が激増して社会問題になった。

増《ぞう》加《か》

数量が増えることを表す最も一般的な熟語。反対語は「減少」。
＊県の観光振興策がうまくいって、訪日外国人を含む観光客の数に大幅な増加が見られた。

増《ぞう》大《だい》

数量や程度が増えて大きくなること。感情など抽象的なものにも使える。
＊担任教師の成績評価は明らかに不公平であり、生徒たちは不信感を増大させた。

増《ぞう》量《りょう》

量を増やすこと。また、増えること。体重・製品の量などに広く使う。
＊菓子メーカーは、ポテトチップスの値上げに際して、中身を数パーセント増量した。

急《きゅう》増《ぞう》

数量が短期間に急に増えること。よく統計などで以前と比較して使う。
＊情報番組で取り上げられたことがきっかけで、新しいタイプの洗剤の売り上げが急増した。

ものごとの様子

減る《ヘル》

節減《せつげん》

費用やエネルギーを節約して減らすこと。「経費節減」などと使う。
＊新しいモデルの航空機は軽量化によって燃料を節減し、二酸化炭素の排出を抑えている。

目減《めべ》り

「目」は目方の意味。実質的な数量・値打ちなどが少しずつ減ること。
＊インフレが続いた結果、せっかくコツコツ貯めた銀行預金の価値は目減りしてしまった。

削《けず》る

ないほうがいい、または、なくてもやむをえない部分を減らす。
＊バラエティー番組の内容が変更になり、新人タレントの出演コーナーは削られてしまった。

大《おお》鉈《なた》を振《ふ》るう

むだな部分や、負担になっている部分を、思い切って減らす。
＊新しいCEOは、取締役会の強い抵抗にあいながらも、予算の削減に大なたを振るった。

ガタ減《べ》り

目に見えて急に減ることを表す俗語。ガタッと大きく減ること。
＊シーズンオフになると地元の路線の利用者はガタ減りし、次第に採算が取れなくなっている。

減《げん》少《しょう》

数量が減ることを表す最も一般的な熟語。反対語は「増加」。
＊環境汚染や乱獲などが原因で、海にすむさまざまな生物の個体数が急激に減少している。

差《さ》し引《ひ》く

計算する過程で、数を引く。その分を考えに入れないようにする。
＊家の資産はざっと数千万円あったが、負債を差し引くとほとんど残らないのが実情だった。

半《はん》減《げん》

ほぼ半分に減ること。実際に測れなくても、大きく減る場合にも使う。
＊いくら品質が高くても、使い勝手が悪くては、せっかくの製品の魅力が半減してしまう。

ものごとの様子

余る

アマル

有《あ》り余《あま》る

必要以上にあって、余るほどである。十分すぎるほどある。

＊友人たちの子どもはエネルギーがあり余っていて、キャンプではまったく疲れを見せなかった。

余《あま》り有《あ》る

不足がなく、十分にある。特に、察したり、補ったりするのに十分である。

＊外国でひとり入院生活を送る労働者がどんなに不安な気持ちでいるか、想像するに余りある。

足《た》りる

ものを買ったり、何かをしたりするのに十分な金額・数量がある。

＊風邪で鼻水が止まらなくなったが、ティッシュの買い置きは今のところ足りている。

掃《は》いて捨《す》てるほど

非常に多くあって、もはや珍しくないことのたとえ。腐るほど。

＊文章上達法を説く本は掃いて捨てるほどあるが、科学者の書いたこの本は古典的名著と言える。

だぶつく

処理できないほどたくさん余る。「だぶ」は「だぶだぶ」と同語源。

＊スイーツのブームが予想外に早く去り、原料の需要が落ちて在庫がだぶついている。

繰《く》り越《こ》す

お金を、年度内など決まった時期に使い切らず、次の時期に入れる。

＊大学からの奨学金にまだ残額があるので、次の学年に繰り越して使うことにした。

浮《う》く

必要になるはずだったお金・時間を使わなくてすみ、余りが出る。

＊自動車製造工場では、むだな工程を削減したことで、予算よりも大幅にお金が浮いた。

お釣《つ》りが来《く》る

（支払った後に釣り銭が来ることから）十分すぎるほど利益が残る。

＊劇団の座長を務めることは、多少の苦労を我慢してもお釣りが来る、やりがいのある仕事だ。

ものごとの様子

似る

ニル

似《に》通《かよ》う

互いによく似る。二人の人物など、同等のものを比べる言葉。

＊二枚の試験答案は、誤字に至るまで似通っており、不正があったことは明らかだった。

類《るい》似《じ》

よく似ていること。性質や見た目の印象、名前の響きなどに広く使う。

＊試作を重ねた末に売り出したバッグは好評だったが、すぐに他社から類似した商品が出た。

類《るい》する

性質が似ていて、同じようなものと考えられる。同じ仲間と言える。

＊校則では、コートの色は黒、紺、グレーまたはそれに類する色、と厳密に決められていた。

似《に》たり寄《よ》ったり

どれもよく似ていて、目立った特徴のあるものが見られない様子。

＊投稿された作品はみな似たり寄ったりの恋愛小説で、授賞にふさわしいものがなかった。

近似《きんじ》

数値・形などが、完全に同じではないが、非常に近くて似ていること。

＊正多角形の辺を増やしていくと、次第に円に近似し、やがて円と見分けがつかなくなる。

大同小異《だいどうしょうい》

違う点もあるが、全体的によく似ていて、変わり映えがしないこと。

＊事件を報じる各局のニュースはどれも大同小異で、背景を深く考察したものがなかった。

酷似《こくじ》

驚くほどよく似ていること。「酷」は「はなはだしい」の意味。

＊遺跡から出土した土器には模様が描かれ、古代インドの象形文字に酷似していた。

瓜二つ《うりふた》

二つに割ったウリの両面のように、互いにそっくりである様子。

＊親友の娘と名乗る少女の顔を見ると、確かに古い記憶に残るあの顔に瓜二つだった。

ものごとの様子

絶える

タエル

途《と》切《ぎ》れる

続いていたものがそこで（いったん）切れる。「跡切れる」とも書く。
＊初めてのデートでは、共通の話題があまり見つからず、しばしば会話が途切れた。

途《と》絶《だ》える

続いていたものが絶える。「跡絶える」とも書き、本来は足跡が絶える意味。
＊テレビ局からの出演依頼を喜んで引き受けたが、なぜかそれきり連絡が途絶えてしまった。

取《と》り止《や》め

予定していたことをやめること。「取り」は作業や手続きを表す接頭語。
＊公園で予定されていた夏の音楽フェスティバルは、悪天候のために取り止めになった。

根《ね》絶《だ》やし

根まですべて取り去って絶やすこと。すっかりなくすこと。
＊戦後に高層ビル群が建設されたことで、昔懐かしい下町の文化は根絶やしにされた。

断《だん》絶《ぜつ》

二つの間のつながりを絶つこと。また、つながりが絶たれること。
＊その国で革命が起こったために、多くの国が大使館を閉鎖し、国交を断絶した。

途《と》絶《ぜつ》

途中で切れたりふさがったりして、交通・通信などができなくなること。
＊大規模な水害によって、村は外部との交通が途絶し、電話も無線も通じなくなった。

中絶《ちゅうぜつ》

進行していたものが途中で止まること。また、途中でやめること。
＊近代の最高傑作と言っていい文学作品のいくつかは、作者の死去により中絶している。

立《た》ち消《き》え

計画などが、いつの間にかなくなること。火が途中で消えることから。
＊業界の垣根を超えた交流会を開こうという話は、賛同者が少なく、立ち消えになった。

ものごとの様子

異なる

コトナル

不《ふ》一《いっ》致《ち》

一致しないこと。特に、性格や意見、利害などの場合に使うことが多い。
＊タレント夫婦の離婚理由については臆測が飛んだが、結局は性格の不一致で片づけられた。

異《い》質《しつ》

性質が違う様子。印象・考え方などが違う場合にも使う。
＊新人スタッフは斬新なアイデアを次々に出し、無難を好む集団の中では異質な存在だった。

畑《はたけ》違《ちが》い

専門分野が違うこと。専門分野を「医学畑」のように「畑」と言う。
＊ずっと技術職でやってきたが、子会社に出向し、畑違いの営業職を任されることになった。

色《いろ》違《ちが》い

形やデザインなどは同じで、色だけ違うこと。多く服や小物などに言う。
＊会議で使うフォルダーは、色違いで管理しておくと、書類の種類が一目で分かって便利だ。

勝《かっ》手《て》が違《ちが》う

普段慣れているのとは別の状況になる。その状況で戸惑いを感じる。
＊ベテランのアナウンサーでも記者会見の司会は勝手が違うらしく、いつになく緊張している。

違《たが》う

「ちがう」の古語。現代では「たがわず」など否定形で使うことが多い。
＊被疑者が犯行について語った供述は、一言一句違わずに調書に記録されていった。

食《く》い違《ちが》う

上下の歯がうまく合わないように、二つのものが一致しない。
＊ファイルの公表に関して政治家からの圧力があったかどうか、役人たちの証言は食い違った。

掛《か》け違《ちが》う

ボタンのかけ方を間違うように、後々まで響く誤りを重ねる。
＊どこでボタンをかけ違ったのか、親友だと思っていた相手とまるで気持ちが通じなくなった。

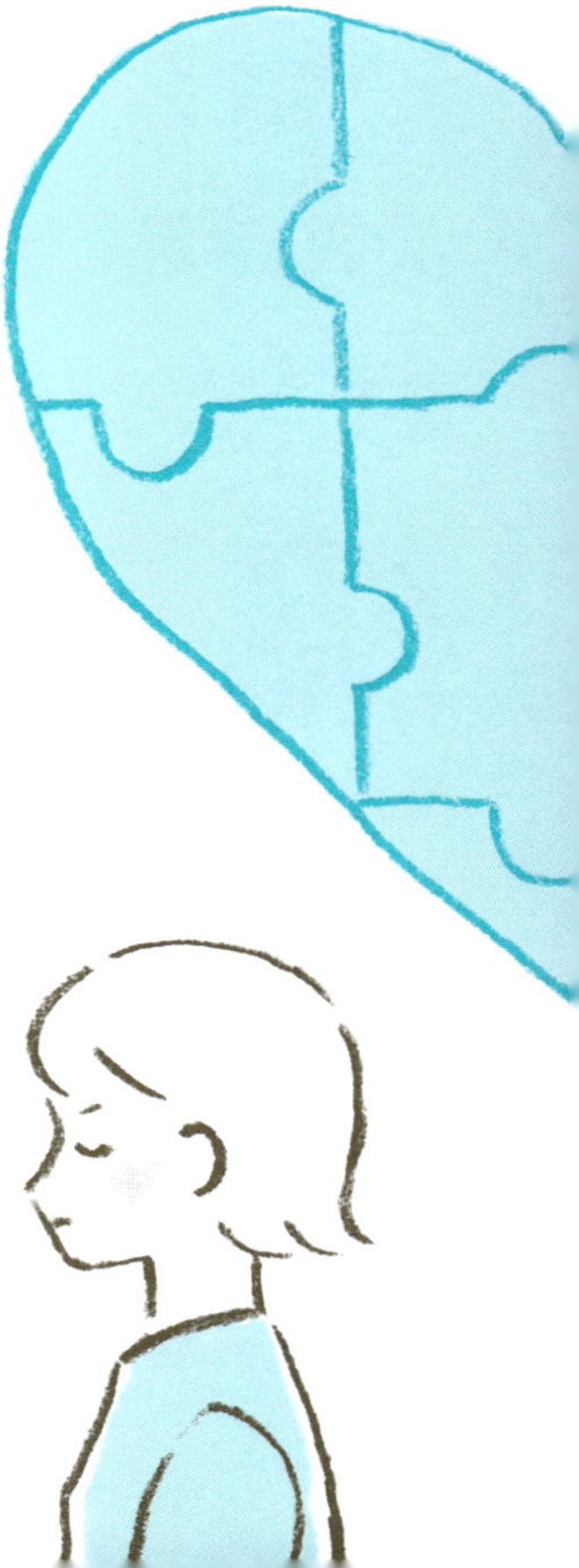

ものごとの様子

偏る

カタヨル

偏在《へんざい》

一部に偏って存在すること。「遍在」はまんべんなく存在すること。

＊医師の多くが都市部に偏在し、過疎地の医師不足が解消されない状態が続いている。

局在《きょくざい》

ある限られた部分だけに存在すること。「偏在」よりも限られた語感。

＊狭い地域に局在していたウイルスが、人々の大規模な移動によって世界中に拡散した。

偏向《へんこう》

政治的に公平であるべき場合などに、偏った傾向が見られること。

＊首相はマスコミの報道が偏向していると批判し、主要メディアとの対立を深めていった。

偏重《へんちょう》

ある要素だけを特に重視して、他の要素をおろそかにすること。

＊断片的な知識だけを偏重し、思考力を軽んじる教育では、本当の学力はつかないだろう。

偏《へん》愛《あい》

その人・物などをひいきして、ひたすら愛すること。偏った愛。

＊山手線を偏愛する鉄道マニアが、四季の風景の中を走る山手線電車の写真集を出版した。

偏《へん》見《けん》

人や物事に対して持つ、事実に基づかない、否定的な見方。

＊多くの国で、少数民族に対する偏見と憎悪が深刻な人道危機をもたらしている。

不《ふ》均《きん》衡《こう》

それぞれの数量に大きな差があって、釣り合いが取れないこと。

＊外国から安い農産物が大量に輸入されたため、貿易収支に不均衡を生じる結果になった。

差《さ》別《べつ》

偏見や不公平な基準に基づいて、特定の人や集団を不利に扱うこと。

＊問題になった企業では、外国人労働者が賃金などの面で明白な差別を受けていた。

ものごとの様子

富む

トム

豊富《ほうふ》

数量があり余るほど多い様子。特に、役に立つものについて言う。

＊新しくできたショッピングセンターは、ベビー用品の品ぞろえが豊富で、とても助かる。

潤沢《じゅんたく》

お金などがたくさんある様子。「潤」「沢」とも「うるおう」の意味。

＊実力派アイドルが主演する映画に、制作会社は潤沢な資金を惜しみなく注ぎ込んだ。

肥沃《ひよく》

土地がよく肥えていて、農作物がたくさん生産できる様子。

＊古代のナイル川沿岸では、堆積物が肥料となって、きわめて肥沃な土地が形成されていた。

宝庫《ほうこ》

多くの優れたものが集まる（生まれる）所。本来は宝物の倉の意味。

＊インターネットはまぎれもない知識の宝庫で、使い方次第ではきわめて高度な研究に役立つ。

豊満《ほうまん》

肉づきが豊かな様子。文章語では、豊かで充実した様子にも使う。

＊ルノワールは豊満な女性を多く描いており、中でもヒナギクを持つ娘の絵は印象深い。

満載《まんさい》

多くのもので満ちていること。本来は、荷物などを多く載せること。

＊今度の深夜アニメはポップカルチャーのパロディーが満載で、ファンにはたまらない。

豊穣《ほうじょう》

穀物が豊かに実ること。なお、「豊饒《ほうじょう》」は農作物が豊富にとれる様子。

＊祭のクライマックスでは、五穀豊穣を祈り、地元の人たちによる舞が奉納された。

盛《も》り沢山《だくさん》

いろいろなものを多く盛りつけてある様子。内容が豊富な様子。

＊文化祭の出し物は、コンサートあり、ダンスあり、屋台ありで、盛りだくさんな内容となった。

ものごとの様子

栄える

サカエル

流行《はや》る

ある時期に、人々の間でさかんになる。また、病気などが広まる。
＊若い社員たちの間では、何でもない会話にわざと英語を混ぜるのがはやっていた。

盛況《せいきょう》

店や催し物などにたくさんの人が集まって、にぎわっていること。
＊直営レストランは人気を呼び、ランチタイムともなると、押すな押すなの盛況となった。

花《はな》が咲《さ》く

話がますます弾む。また、努力が実って、いい結果が出る。
＊修学旅行の夜は友だちと話に花が咲き、消灯時間を過ぎてもおしゃべりが止まらなかった。

盛大《せいだい》

物事が派手に、盛んに行われる様子。催し物などに使うことが多い。
＊王宮では、外国の元首を歓迎するため、著名人や外交官も招いて盛大な晩餐《ばんさん》会が催された。

活況《かっきょう》

取引や商売などが盛んな状況。「活況を呈する」の形で使うことが多い。
＊低金利政策によって海外からの投資が増加したため、株式市場は空前の活況を呈した。

賑《にぎ》わう

多くの人が集まって、楽しく活気のある雰囲気になる。賑やかになる。
＊普段は人通りの少ない神社だが、正月ともなると、初詣に訪れる大勢の参拝客でにぎわう。

盛《も》り上《あ》がる

会話や催し物などが楽しく、人々の気分が高まり、大声を出したりする。

＊試合の前半終了の直前にシュートが決まり、応援席の観客たちは大いに盛り上がった。

繁《はん》華《か》

街に商店や飲食店などが多く、人々が集まって、にぎやかな様子。

＊駅前は戦後になって商店が増え始め、現在では国内で屈指の繁華な街になった。

ものごとの様子

衰える
オトロエル

衰《すい》退《たい》

勢力・流行などが弱まり、世の中への影響力がなくなっていくこと。

＊高度成長期に石油へのエネルギー転換が進んだため、石炭産業は衰退していった。

斜《しゃ》陽《よう》

勢力が衰えていく状況を表す言葉。太宰治の小説「斜陽」から。

＊各家庭にテレビが普及するとともに、隆盛を誇った映画産業は斜陽の時代を迎えた。

減《げん》退《たい》

衰えて弱くなること。力や欲求のほか、需要・消費などにも言う。

＊酷暑の続く夏は、食欲が減退し、栄養不足や体重の減少につながることが多い。

影《かげ》が薄《うす》い

存在感が弱く、注目されない。病気などで生気がない場合にも使った。

＊子役の少女があまりにも人気を呼んだので、ベテランの主演俳優も影が薄く見えた。

後《こう》退《たい》

進展・成長せず、かえって悪くなったり、消極的になったりすること。

＊金融機関が軒並み経営判断を誤ったため、その後の景気は長く後退することになった。

うらぶれる

落ちぶれて、みじめな状態になる。また、みすぼらしい感じに見える。

＊現代的なホテルもいいが、寂れた町のうらぶれた旅館に泊まってみるのもおつなものだ。

衰弱《すいじゃく》

体力・気力などが衰えて弱ること。文化・組織などにも言う。

＊子猫は雨にぬれて衰弱が激しかったので、獣医師は保温器で温めながら治療を続けた。

成《な》り下《さ》がる

元はそれなりに優れていたものが、軽蔑すべき状態に落ちる。

＊独裁者が権力を強めるにつれ、マスメディアは国の宣伝機関に成り下がってしまった。

ものごとの様子

役立つ

ヤクダツ

有益《ゆうえき》

よりよくするために役立つ様子。金銭的な利益にはあまり使わない。

＊初めての著書をまとめるにあたり、編集者から多くの有益なアドバイスをもらった。

有用《ゆうよう》

人や物、手段などが、役に立つ価値を持っている様子。

＊教育の重要性を痛感した実業家は、自ら大学を設立し、社会に有用な人材を多く育てた。

便利《べんり》

簡単に利用できて、役立つ様子。「便利がいい」の形でも使う。

＊旅行先で天気が崩れる場合に備えて、折りたたみ式のレインコートが一着あると便利だ。

重宝《ちょうほう》

それがあると（その人がいると）いつも役に立ち、ありがたい様子。

＊冠婚葬祭などの場合、何を贈ったらいいか分からないときに重宝なのは商品券だ。

資《し》する

発展・増進などに役立つ。貢献する。「資」は材料や元手の意味。

＊対外試合を行うことは、他校との交流にも役立ち、技術の向上にも資するところが大きい。

使《つか》い物《もの》になる

一応の役に立つ。「使い物にならない」と否定形で使うことが多い。

＊脚本家が寝起きにメモしたドラマのアイデアは、後で読み返すとまるで使い物にならなかった。

捨《す》てたものではない

価値が低いと思われがちだが（思っていたが）、けっこう価値がある。

＊英語が苦手な私でも現地で何とか通じたのだから、日本の英語教育も捨てたものではない。

心《こころ》の糧《かて》

苦しいときに精神の支えとなるような、言葉や体験、芸術など。

＊青年は休学中に考えたり経験したりしたことを心の糧として、新しい人生へと踏み出した。

ものごとの様子

害になる

ガイニナル

差《さ》し障《さわ》る

何かをする上で、じゃまになったり、悪影響が出たりする。

＊新しいスーパーは競合店から嫌がらせを受けたが、商売には少しも差し障ることがなかった。

煽《あお》りを食《く》う

物の弾みで、思わぬ悪影響を受ける。「煽りを受ける」とも。

＊幹線道路の通行料が値下げされたため、あおりを食った地元の鉄道は経営が厳しくなった。

差《さ》し支《つか》える

そのものごとが原因で、大事なことが思うようにできなくなる。

＊会計課長はストレスから夜の酒量が増し、翌日の業務に差し支えるほどになった。

響《ひび》く

悪い影響が出る。「彼の情熱がチームに響く」はいい影響を言う。

＊フィギュアスケーターは序盤の連続ジャンプでのミスが響き、惜しくも連覇を逃した。

蝕《むしば》む

虫が食うように、少しずつ侵していき、健全でなくする。

＊若い技術者が海外に流出する状況が、業界の国際的な競争力をじわじわむしばんでいる。

累《るい》が及《およ》ぶ

当人の行動により、別の人までが責任を問われる（迷惑をこうむる）。

＊脱走兵をかくまったことが秘密警察に知れたら、家族や親戚にまで累が及ぶかもしれない。

祟《たた》る

以前の過失や不健康な行いなどが、しばらく後になって影響する。
＊画家は若い頃からの暴飲暴食がたたって体を壊し、ついに絵筆を握れなくなった。

火《ひ》の粉《こ》が降《ふ》りかかる

直接関係のないことがもとで、迷惑をこうむる。巻き添えになる。
＊店長の怒りは理不尽だったが、自分に火の粉が降りかかることを恐れ、店員たちは黙っていた。

耳慣れないことばを　わざと使ってみる

文章は相手に伝わるように書くことが基本です。そのためには、耳慣れない難しいことばを使うことは避けるべきです。私の場合、一般向けの文章を書くときも、なるべく中学生にも分かる語彙を使うことを心がけています。

ところが、本書には耳慣れないことばも多く収録されています。文章を伝わるように書くという方針とは矛盾するようです。でも、このようなことばにも大きな利点があります。

ひとつは、前後に説明を補って使えば、印象が強まるということです。たとえば、「鞅掌《おうしょう》」(p.26)。要は「仕事で忙しくすること」です。硬い表現であり、普段は目にしません。これだけでは伝わりにくいのですが、

「昼も夜も事務に鞅掌し、休めなかった」

このように、「昼も夜も」「休めなかった」など、手がかりとなる表現と合わせて使えば、忙しい雰囲気がよく伝わります。

もうひとつは、文章のリズムを作るということです。たとえば、「皚々《がいがい》」(p.231)。

「登山隊は、白皚々《はくがいがい》たる雪原の中を……」

この文では、「はく、がいがいたる」という音の響きが、文章に心地よいリズムを与えます。前後を手がかりにすると、「皚々」は雪原の白さを表現しているらしいと分かります（正確には、いちめんに白く見える様子）。

耳慣れないことばを唐突に使うと、文章を分かりにくくしてしまいます。でも、説明的な語句を添えて使えば、表現効果を高めるために役立つことも多いのです。

第2部

折々の様子

202のことば

人生の場面の様子

誕生

タンジョウ

生《せい》を受《う》ける

赤ちゃんが誕生する。生まれて来る。「生を享《う》ける」とも書く。
＊教員夫婦の長女としてこの世に生を受けた私は、小さい頃から優等生としてふるまっていた。

呱々《ここ》の声《こえ》

生まれた赤ちゃんの泣き声。「呱々」は「おぎゃあ」を表す擬音語。
＊天才音楽家モーツァルトは、十八世紀半ばにオーストリアのザルツブルクで呱々の声を上げた。

産《さん》の紐《ひも》を解《と》く

出産する。江戸時代以前からの古風な言葉。「お産の紐を解く」とも。
＊姫君は床の中でひたすら神仏に願ったかいがあって、やすやすと産の紐を解いた。

身《み》二《ふた》つになる

子どもを生んで、母と子と二人の体になる。鎌倉時代からある言葉。
＊妊娠中はつわりに苦しんだが、ようやく身二つになった後は睡眠不足に悩むことになった。

産《うぶ》湯《ゆ》を使《つか》う

新生児が体を湯で洗ってもらう。その土地で生まれるたとえにも使う。
＊映画の主人公の流れ者が産湯を使ったのは、近くに古い寺のある江戸川沿いの町だった。

百《もも》日《か》の寝《ね》子《こ》

赤ちゃんは生まれてから百日まではよく寝るということ。百日の寝っ子。
＊百日の寝子とはよく言ったもので、生まれた子は乳を飲むとき以外はほとんど寝ていた。

這《は》えば立《た》て

「はえば立て、立てば歩めの親心」から。子どもの成長を願う気持ち。
＊まだ寝返りを覚えたばかりのわが子に「はえば立て」という気持ちになるのは不思議だ。

いとけない

幼くてあどけない。類義語「頑是《がんぜ》ない」は、幼くてまだ聞き分けがない。
＊若い妻は、いとけないわが子を胸に抱きつつ、列車から降りる人々の中に夫の姿を探した。

人生の場面の様子

入学・卒業

ニュウガク・ソツギョウ

十五《じゅうご》の春《はる》

中学卒業の年の春。一九六三年、京都府知事が「(入試で)十五の春に泣かせるな」と述べた。

＊十五の春に希望者が高校に入学できるよう、行政は環境を整えた。

狭《せま》き門《もん》

競争相手が多く、勝ち抜くのが難しいこと。新約聖書の「狭き門より入れ」から来た言葉。

＊文学部は二百人の定員に数千人が殺到し、例年以上の狭き門となった。

努力《どりょく》の賜物《たまもの》

「賜物」は成果。元は賜ったほうびの意味。「勉学の賜物」などとも。

＊本人が希望の大学に入学できたのも、寝る時間も惜しむほどの努力の賜物と言えるだろう。

倦《う》まず撓《たゆ》まず

退屈したり怠けたりせずに。勉強・仕事などを着実に行う様子。

＊試験前に慌てるのではなく、日頃から、うまずたゆまずコツコツやることが大切だ。

蛍雪《けいせつ》の功《こう》

苦労して勉強した成果。中国の車胤《しゃいん》と孫康がそれぞれホタルの光と雪明かりで勉強した故事から。

＊博士はスイスの大学で蛍雪の功を積み、大学院を修了された。

教《おし》えの庭《にわ》

「学校」を詩的に表現した言葉。唱歌の「仰げば尊し」にも出てくる。

＊高校という教えの庭に育った私たちは、ここで学んだことを将来に生かしたいと望んでいる。

窓《まど》の蛍《ほたる》

苦学すること。「蛍雪の功」を踏まえた言葉で、「枝の雪」とともに古典で使われる表現。

＊若い貴族は、窓の蛍を友とし、枝の雪に親しんで、多くの書を学んだ。

学《まな》びの窓《まど》

「学校」「校舎」の詩的表現。唱歌の「仰げば尊し」にも出てくる。

＊同じ学びの窓に過ごした友人たちと今日でお別れかと思うと、時間を再び巻き戻したくなる。

人生の場面の様子

成人

セイジン

大人《おとな》の仲間《なかま》入《い》り

大人・社会人になること。昔からある表現だが、戦後に非常に増えた。

＊初めての選挙に行き、投票用紙を投票箱に入れた瞬間、大人の仲間入りを果たした気がした。

人《ひと》と成《な》る

一人前の大人になる。成人する。「人」には大人の意味がある。

＊陶芸職人の家に生まれた少年は、人と成ってのち、父に技術を学び、多くの傑作を生み出した。

親《おや》離《ばな》れ

子が成長し、親の保護を必要としなくなること。自立すること。

＊留学の希望を話す高校生の娘を見て、両親は彼女が親離れの時期を迎えたことを実感した。

前《まえ》髪《がみ》を落《お》とす

男子が前髪をそって、まげを結い、元服（成人）する。近代以前の習慣。

＊剣術の試合で師範代から一本を取ったのは、まだ前髪を落としたばかりの若い弟子だった。

巣《す》立《だ》ち

成長して学校・親元などを離れること。ひな鳥の巣離れにたとえた表現。

＊親と衝突することの多かった子どもたちも、それぞれ巣立ちを果たし、家庭を持った。

肩《かた》上《あ》げを下《お》ろす

「肩上げ」は、子どもの着物の袖を短くするため肩で縫って止めること。成人後、それを下ろす。

＊幼なじみの二人は、肩上げを下ろして間もなく許嫁《いいなずけ》同士になった。

齢足《よわいた》る

成人する。大人の年齢に達する。「源氏物語」にも出てくる古語。
＊王女は幼少より政治に関心があったが、ようやく齢足りて、王を助けることが多くなった。

ねび成《な》る

成人する。「ねぶ」（年を重ねる）と「成る」を合わせた古語。
＊幼い頃から気品のあった姫君は、けだかく光り輝くような女性にねびなりあそばされた。

人生の場面の様子

結婚

ケッコン

赤《あか》い糸《いと》

結婚する運命にある二人を結びつける糸。中国の伝説に由来する。

＊離ればなれになっていた二人が結婚に至ったのは、赤い糸で結ばれていたとしか思えない。

割《わ》れ鍋《なべ》に綴《と》じ蓋《ぶた》

未熟な人でも、互いに補い合える結婚相手がいるものだということ。

＊理想主義の彼と現実主義の彼女は、よくけんかもするが、割れ鍋に綴じ蓋といった間柄だ。

合《あい》縁《えん》奇《き》縁《えん》

結婚相手など、人との出会いは偶然で、縁によるものだということ。

＊地球の反対側で生まれた相手と結婚することだってある。人はまったく合縁奇縁と言うべきだ。

妹《いも》背《せ》の契《ちぎ》り

夫婦となる約束。「妹背」はそれぞれ妻・夫。「～を結ぶ」の形で使う。

＊武家の町に育った二人は、幼い頃から互いの家を行き来し、やがて妹背の契りを結ぶに至った。

鴛《えん》鴦《おう》の契《ちぎ》り

夫婦となる約束。「鴛鴦」はオシドリ。オスとメスの仲がいいとされる。

＊同じ選挙で当選した同期議員が恋人同士となり、幹事長の世話で鴛鴦の契りを結んだ。

ジューンブライド

六月の花嫁。西洋では、この季節に結婚する女性は幸福になるという。

＊式場の外の雨は本降りとなったが、ジューンブライドは健気《けなげ》に耐えるしかなかった。

華《か》燭《しょく》の典《てん》

「結婚式」の重々しい表現。華燭の式。「華燭」は華やかな灯火。

＊音楽家を父に持つ娘は、家に集まる音大生の一人と恋に落ち、やがて華燭の典を挙げた。

杯《さかずき》を交《か》わす

儀式などで、一つのさかずきの酒を飲んで、肉親同様の間柄になる。

＊祝詞《のりと》がすむと、新郎新婦は、親戚の子たちに注がれた酒で三三九度の杯を交わした。

人生の場面の様子

結婚生活

ケッコンセイカツ

琴《きん》瑟《しつ》相《あい》和《わ》す

大小の琴が調和した音を奏でることから、夫婦の仲がいいことを言う。

＊ノーベル賞を受賞した科学者夫婦は、誰もが知る琴瑟相和したおしどり研究者だった。

夫《ふう》婦《ふ》円《えん》満《まん》

夫婦の仲がいい様子。「家内安全」「子孫繁栄」などと並べて使われる。

＊新婚旅行でトレビの泉にコインを投げてきたおかげか、この十年、夫婦円満に暮らしている。

異《い》体《たい》同《どう》心《しん》

体は別々でも心は同じということ。「一心同体」同様、強い関係を表す。

＊転職活動を全面的に支えてくれる夫の姿を見て、妻は改めて彼と異体同心だと感じた。

比翼《ひよく》の鳥《とり》

雌雄一体で飛ぶ鳥。夫婦の仲がいいたとえ。「連理の枝」（二本の木のつながった枝）も同じ。

＊二人が生まれ変わっても、ともに比翼の鳥、連理の枝でありたい。

比目《ひもく》の魚《うお》

雌雄一体で泳ぐ想像上の魚。夫婦の仲がいいたとえ。「鴛鴦《えんおう》の鳥」（オシドリ）も同じ。

＊高貴なお方と比目の魚、鴛鴦の鳥となれたら、ほかに望みはない。

相生《あいおい》の松《まつ》

一つの根から二つの幹が出ている松。「相老い」と掛けて、夫婦が長生きするたとえに使う。

＊相生の松も千代に栄えますよう、ご夫婦の幸せをお祈り申し上げます。

偕老同穴《かいろうどうけつ》

ともに年を取って、同じ墓の穴に入ること。夫婦が末長く円満なたとえ。

＊いたわり合ってバスを降りる老夫婦は、偕老同穴を絵に描いたようでうらやましかった。

伉儷《こうれい》殊《こと》に篤《あつ》し

夫婦仲が非常にいい。「伉儷」は夫婦を意味する古風な漢語。

＊初代校長は実直で人望があり、夫人とは伉儷ことに篤く、多くのお子さんに恵まれた。

人生の場面の様子

離婚

リコン

破鏡《はきょう》の嘆《たん》

離婚の嘆き。割った鏡を半分ずつ持っていた夫婦が離婚した故事から。

＊お互いに思いやっていたつもりだったが、溝は深まり、ついに破鏡の嘆を見ることになった。

世帯《せたい》を破《やぶ》る

生活苦・夫婦げんかなどで離婚する。江戸時代からある言葉。

＊若旦那は趣味にうつつを抜かして妻を顧みなくなり、世帯を破ることになってしまった。

卒婚《そつこん》

夫婦を卒業すること。離婚はせず、ゆるい関係を保つ。二〇〇四年の書籍から広まった新語。

＊俳優夫婦は卒婚を宣言したが、新作ドラマでは共演するという。

己《おの》が世々《よよ》

男女が別れて、それぞれの人生を送ること。平安文学に出てくる言葉。

＊若い夫婦は深く愛し合っていたが、結局はおのが世々となり、関係が疎くなってしまった。

別々《べつべつ》の道《みち》

夫婦・仲間などがそれぞれに進む前途のたとえ。離婚報告にも使われる。

＊このほど、私たちはお互いの生き方を見つめ直し、別々の道を歩むことになりました。

価値観《かちかん》の違《ちが》い

夫婦が別れる理由に挙げる言葉。何を大切に考えるか、などの食い違い。

＊国王夫妻は真剣に話し合いを重ねたが、価値観の違いは埋めることができなかった。

三《み》行《くだり》半《はん》

江戸時代、夫の側が書いた離縁状。三行と半分の文字数で書く。離縁を告げるたとえにも使う。
＊浪人はいとしい妻に三行半を突きつけ、仇討《あだう》ちの旅に出て行った。

退《の》き状《じょう》

江戸時代、多くは妻の側が書いた離縁状。「どきじょう」とも言う。
＊仲間を陥れようと考えた侍は、相手の妻をだまして退き状を書かせることに成功した。

人生の場面の様子

転居・新居

テンキョ・シンキョ

青《あお》畳《だたみ》匂《にお》う

畳がまだ青く、いいにおいがする。俳句などに詠まれた新居の様子。
＊安いアパートではあったが、それでも青畳匂う部屋の中で、学生は念願の新生活を始めた。

木《き》の香《か》新《あら》た

建材のいい香りがまだ残っている様子。新築の家・寺社などの形容。
＊入居を決めた家は、まだ木の香も新たな一戸建てで、夫婦は自分たちの幸運を喜び合った。

向《む》こう三《さん》軒《げん》両隣《りょうどなり》

向かい側の家三軒と、両隣の家。親しく近所づきあいする人々のこと。
＊新しい任地には知り合いもいなかったが、まずは向こう三軒両隣に引っ越しそばを配った。

近《きん》所《じょ》合《がっ》壁《ぺき》

壁一枚を隔てて隣り合う人々。隣近所。今では古風な言い方。
＊引っ越し作業で膨大な数の本を運んでいると、近所合壁の人々が珍しそうに声をかけてきた。

新天地《しんてんち》

新しく活躍する舞台となる場所。新しく生活する土地などにも言う。

＊転校したいと言う長男の希望を尊重し、一家は都会を離れて新天地での生活を始めた。

住《す》めば都《みやこ》

都会から遠い不便な土地でも、慣れれば住みやすくなるということ。

＊記者は支局への異動が不満だったが、自然豊かな暮らしが気に入り、住めば都を実感している。

心機一転《しんきいってん》

気分を変えて積極的になること。新しい場所でやり直すときにも使う。

＊投手は成績が振るわず、離れた土地のチームに移ったが、心機一転、練習に励んでいる。

三泣《さんな》き

地方に転居して泣き、人情に触れて泣き、土地を離れる時はなごり惜しくて泣く、ということ。

＊大変だった離島勤務の最後、離任式で涙し、まさに三泣きとなった。

人生の場面の様子

壮年《ソウネン》

中《ちゅう》堅《けん》

組織や社会で中間的な立場。中間管理職など、一定の経験を積んだ人。
＊チームが優勝できた理由の一つは、ベテランと中堅、若手の連携がうまくいったことだ。

脂《あぶら》が乗《の》る

経験を積んで能力も向上し、思う存分活躍できる状態になる。
＊愛敬のよさで売っていたアイドルは演技の幅を広げ、今最も脂が乗った俳優に成長した。

ベテラン

十分に経験を積んで、高い能力を持っていること。また、そういう人。
＊失敗の多さを上司に注意されていた私も、気がつくとベテランと呼ばれる立場になっていた。

角《かど》が取《と》れる

反抗的・非協調的なところがなくなり、穏やかになる。丸くなる。
＊教授は若い頃はよく人に議論をふっかけていたが、年齢とともに角が取れて穏やかになった。

扇《おうぎ》の要《かなめ》

人々をまとめる大切な立場。ものごとの中心となる立場。

*営業部に行った同期の友人は、部長になって以来、扇の要としての役割をよく果たしている。

円熟《えんじゅく》

長く経験を積んで技術が高くなり、人格も円満になった様子。

*真打ち十年目の落語家は、芸が円熟の域に達し、観客を魔法のように話に引きこんでしまう。

屋台骨《やたいぼね》

家庭・組織などを支えているもの。また、そういう立場にある人。

*副店長はリーダーシップに優れ、店の屋台骨となる存在で、店員たちからも慕われていた。

生《い》き字引《じびき》

経験を積み、仕事のことなど何でも詳しく知っている人。歩く辞書。

*町内会長は郷土史家の顔も持っており、地域のことは何でも知っている生き字引的存在だ。

人生の場面の様子

老年

ロウネン

老い《お》の春《はる》

年老いて迎えた新年。俳句用語。和歌では年老いて迎えた晩春を言う。

＊昨年は病気もしたが、夫婦そろって老いの春を迎えられたことを心から喜んでいる。

年《とし》の功《こう》

年を取って経験を積んでいること。「亀の甲より年の功」とも言う。

＊電車内で言い争う若者たちを祖母がにこやかに収めたのは、さすがに年の功だった。

老《お》いてますます盛《さか》ん

年を取っても、若い頃より元気である。「盛ん」は「壮」とも書く。

＊米寿を迎えた書道家は新作に取りかかり、老いてますます盛んな創作意欲を見せている。

矍鑠《かくしゃく》

年を取っても元気がいい様子。漢字を使った擬態語の一種。

＊画壇の大御所は九十歳を過ぎてもかくしゃくとしており、記者の取材にもはっきり答える。

老《お》いを養《やしな》う

年を取って、体をいたわりつつ安らかに過ごす。年老いて静養する。

＊中学でお世話になった先生は、退職後に娘さん夫婦と暮らし、静かに老いを養っている。

悠々自適《ゆうゆうじてき》

仕事を引退して、ゆったりと自分のペースで暮らす様子。

＊前社長は退任後、一切の役職から手を引き、故郷に戻って悠々自適の生活を送っている。

年《とし》深《ふか》し

年を取っている。また、樹木などが長い年月を経ている。古典の言葉。
＊庭の松の年深く古びた様子を眺めていると、自分も長く生きたな、としみじみ思われる。

春秋《しゅんじゅう》高《たか》し

いくつもの春秋を経ている。年を取った形容。「春秋長《ちょう》ず」とも言う。
＊皇帝がじきじきに招いた軍師は、春秋高く、しかも眼光は鋭く、満場の人々を圧倒した。

人生の場面の様子

逝去

セイキョ

星《ほし》になる

亡くなるたとえ。夜空の星になる。「希望の星になる」は別の意味。
＊今も多くのヒット曲で知られるその歌手は、若くして事故に遭い、夜空の星になった。

世《よ》を去《さ》る

亡くなるたとえ。この世を離れて別世界へ行く。「世を辞す」とも言う。
＊著名な批評家が亡くなって間もなく、親友だった作家もその後を追うように世を去った。

眠《ねむ》っているよう

死者の安らかな表情のたとえ。「永眠」など、死は眠りにたとえられる。
＊ひつぎに納められた母の顔は、苦労から解放され、静かに眠っているように見えた。

しめやか

静かで悲しそうな様子。葬儀などの形容によく使われる表現。
＊町長の葬儀は小雨の降る中、しめやかに執り行われ、地元の住民たちも多く参列した。

櫛《くし》の歯《は》が欠《か》けるよう

部分的に欠けていくたとえ。知人が亡くなっていく場合などにも使う。
＊若い頃一緒に学んだ友人たちも、くしの歯が欠けるように亡くなり、ずいぶん寂しくなった。

冥《めい》福《ふく》を祈《いの》る

死後の幸福を祈る。一般的に使われる表現だが、使わない宗派もある。
＊会長は選手として活躍した後も、生涯をスポーツの発展に尽くした。心から冥福を祈りたい。

幽《ゆう》明《めい》境《さかい》を異《こと》にする

「幽」はあの世、「明」はこの世。死者と生者が二つの世界に別れる。
＊これまで指導を受けた先生や先輩の中には、すでに幽明境を異にした人たちも多い。

哀《あい》悼《とう》の意《い》を表《ひょう》する

人の死に対し、悲しみの気持ちを表す。「哀悼の誠を捧げる」とも言う。
＊事故から十年を迎えるにあたり、亡くなられた方々に謹んで哀悼の意を表します。

人生の場面の様子

一生《イッショウ》

走馬灯《そうまとう》のよう

「走馬灯」は影絵が回って見える灯籠《とうろう》。次々に思い出す光景のたとえ。

＊安楽椅子に揺られる老人の心に、これまでの人生が走馬灯のように浮かんでは消えた。

蜉蝣《かげろう》の命《いのち》

短い命のたとえ。昆虫のカゲロウは朝に生まれ、夕べには死ぬという。

＊永遠に続く宇宙に比べれば、人生はまことに短く、かげろうの命とさえ思われる。

玉《たま》の緒《お》

首飾りの玉を貫くひもの意味から、和歌で「命」を表す。玉の緒の命。

＊若い頃は世の中を恨んだこともあったが、玉の緒の命を何とかここまで長らえてきた。

悲《ひ》喜《き》交々《こもごも》

悲しいこと、うれしいことが入れ替わり現れること。日常や人生の描写。

＊昔の写真を見ていると、こんな私にも悲喜こもごもの物語があったと、胸がいっぱいになる。

一期《いちご》一会《いちえ》

一生に一度と考えなければならない、大切な出会い。茶道の言葉。

＊長年ホテルに勤務し、多くのお客さまと出会ったが、常に一期一会を大切にしてきたつもりだ。

「冠婚葬祭」以外に人生を描くことばは？

「人生の場面の様子」の章には「冠婚葬祭」を意識して集めたことばが含まれています。「冠婚葬祭」とは、成人式・結婚式・葬式・祖先の祭礼を指します。本書では人の一生に即して、祖先の祭礼の代わりに「誕生」「入学・卒業」「転居・新居」などを入れました。

とは言え、人生は多様です。結婚はしないという人もいれば、生まれた土地にずっと住み続ける人もいます。この章で取り上げた「人生の場面」はステレオタイプ（型にはまったもの）だという意見もあるかもしれません。

ただ、「冠婚葬祭」を始めとして、右のような場面を表すことばは、歴史的な蓄積があることも事実です。それぞれの場面で、儀式を行ったり、手紙を交換し合ったりすることが多く、そのためのことばも多様なのです。

たとえば、結婚式で使う「妹背の契り」「鴛鴦の契り」（p.200～201）。似た言い方として、「偕《かい》老《ろう》（=ともに老いる）の契り」「漆膠《しっこう》（=うるしや、にかわのように離れない）の契り」など、掲載しきれないほどの量があります。

中には一生使わないことばも多いかもしれません。でも、昔から使われてきた表現や、「価値観の違い」（p.204）のような比較的新しい表現を知っておくのも面白いでしょう。

これ以外に、自分の人生の場面を描くことばを探してみると、いろいろあるはずです。たとえば、「転職」「自分探しの旅」に関する表現が該当する、という人もいるでしょう。あなたの場合はどうでしょうか。

春

ハル〈1〉

余《よ》寒《かん》

立春（二月四日頃）になって、寒が明けてもまだ残る寒さ。残寒。
＊余寒はまだ続いているが、そんな中にも日差しの暖かさが感じられる季節になった。

朧《おぼろ》

明るい月などに、雲やかすみがかかって、輪郭がぼんやりした様子。
＊二人で行った京都の夜、東山の上におぼろに浮かぶ月を一緒に眺めたことが忘れられない。

麗《うら》らか

晴れた日の、柔らかく暖かい日差しの様子。春に言うことが多い。
＊公園ではうららかな日差しを浴びながら、家族連れが弁当を広げて花見を楽しんでいる。

値《あたい》千《せん》金《きん》

非常に高い価値がある。春の宵の情景をほめた表現。蘇《そ》軾《しょく》の詩「春宵《しゅんしょう》一刻値千金」から。
＊花が清らかに香り、月がぼんやりかすむ春の宵は、まさに値千金だ。

長閑《のどか》

春の日などに、天気がよくて暖かく、風も強くなくて、穏やかな様子。
＊仕事にも一区切りついたので、のどかな春の一日、久しぶりに山歩きに出かけた。

永日《えいじつ》

昼が長く感じられるようになった春の日。「永き日」「遅日《ちじつ》」とも言う。
＊河川敷に腰を下ろして眺めると、春風に揺れる草花が、永日ののどかさを感じさせる。

爛漫《らんまん》

花が咲き乱れる様子。また、花のように明るい感じがする様子。
＊テラスの花壇では、ピンクのチューリップの花が、晴れやかな爛漫の春を告げている。

繚乱《りょうらん》

花が咲き乱れる様子。「爛漫」よりもあでやかで華麗な印象がある。
＊教会の庭にはライラックの木があって、薄紫色の花が今しも繚乱と咲き誇っていた。

季節・情景の様子

春

ハル〈2〉

花《はな》明《あ》かり

満開の桜などの花のために、周囲が明るく感じられること。

＊夜の山を背景にした桜の木々が、幻想的な花明かりを枝いっぱいに輝かせていた。

花《はな》冷《び》え

ちょうど桜の花が咲く頃、思いがけなく寒さが戻ること。寒の戻り。

＊花冷えのする卒業式の朝、生徒たちはかすかに白い息を吐きながら校門を入って行った。

花《はな》曇《ぐも》り

ちょうど桜の花が咲く頃に曇ること。花びらも灰色がかって見える。

＊花見の日は天気が下り坂で、どんよりした花曇りになったが、幸いに雨は降らなかった。

万朶《ばんだ》の桜《さくら》

枝もしなうほど、びっしり咲いた桜。「万朶」は多くの垂れ下がった枝。
＊隅田川の堤では、万朶の桜が人々の頭上を覆い、あたかも花のトンネルのようになっていた。

花筏《はないかだ》

桜の花びらが水面に集まって流れる様子を、いかだにたとえた表現。
＊お城の桜は散っていたが、堀にじゅうたんのように敷きつめられた花いかだが美しかった。

春暖《しゅんだん》

春の暖かさ。手紙では、三～四月頃に「春暖の候」の形で使う。
＊春暖の時期、瀬戸内海には産卵のためにサクラダイの群れが入り込み、漁が最盛期を迎える。

春陽《しゅんよう》

春の陽光や陽気。「春暖」と同じく、手紙で「春陽の候」の形でも使う。
＊芝生に寝そべり、午後のうららかな春陽の中で読書をする楽しみは、何物にも代えがたい。

風《かぜ》光《ひか》る

春の微風に、葉などがゆれて輝きを見せる。また、陽光の中を風が通る。
＊街はいつしか風光る季節となり、木々の花にも鳥の羽にも春の光が躍るのを感じる。

季節・情景の様子

夏

ナツ〈1〉

風《かぜ》薫《かお》る

青葉の香りが風に乗って運ばれて来る。特に旧暦五月（初夏）の形容だが、新暦五月にも使う。

＊風薫るすがすがしい夏の一日を、子どもたちと野山を歩いて過ごした。

薫《くん》風《ぷう》

初夏、青葉の香りを乗せて吹き渡る風。「薫《かお》る風」「青嵐《あおあらし》」とも言う。

＊雑木林を歩くと、吹き抜ける薫風が心地よく、こずえで鳴く鳥の声に心が癒やされた。

ぐずつく

雨が降ったり曇ったり、はっきりしない天気が続く。梅雨などの様子。

＊北陸を訪れたのはちょうど梅雨の時期に当たり、天気はずっとぐずつき気味だった。

鬱《うっ》陶《とう》しい

雨が降ったり曇ったりで、気分をふさがせる。梅雨時にふさわしい形容。

＊梅雨は早く明けるという予報だったが、七月下旬になっても鬱陶しい天気が続いている。

草《くさ》いきれ

夏の草原が太陽に照らされて発する熱気。「いきれ」は熱気のこと。

＊祭りの神輿《みこし》は大勢の村人たちに担がれ、むんむんする草いきれの中をゆっくり進んで行った。

雲《くも》の峰《みね》

山の峰のように高く湧き立った夏の雲。入道雲。俳句に多く使う。

＊ホテルのビーチに出ると、輝く波の向こうに、もくもくした雲の峰が高く連なっていた。

湧《わ》き立《た》つ

雲などがむくむくと出てくる。夏の入道雲（積乱雲）などの形容に使う。
＊入道雲が湧き立つ空の下、真っ黒になって泳ぐ子らの姿を親たちはほほえましく眺めた。

潺《せん》湲《かん》

川がさらさら流れる様子。夏に限らないが、清流の形容にふさわしい。
＊木立の間を進んでいくと細い川が流れており、その潺湲たる響きにしばし暑さを忘れた。

季節・情景の様子

夏

ナツ〈2〉

涼《りょう》を納《い》れる

すずむ。「涼しさを入れる」ということで、「納涼」を訓読した言葉。

＊夏の夕方に風呂を浴びて、お気に入りのゆかたで過ごすのが、涼を納れる最高の方法だ。

暑気《しょき》を払《はら》う

冷たいものを飲食したりして、夏の暑さをしのぐ。暑気払いをする。

＊学生時代の仲間が久し振りにビヤガーデンに集合し、ジョッキを傾けながら暑気を払った。

蝉《せみ》時雨《しぐれ》

多くのセミが鳴き立てる様子を、時雨の降る音にたとえた言葉。

＊日中に聞くと暑苦しいが、夕方、蝉時雨が遠くから響いてくるのは、なぜか心を引かれる。

蛍《ほたる》合戦《がっせん》

夏の夜、ホタルが相手を求めて乱れ飛ぶ様子を合戦にたとえた言葉。

＊黒く静まった川面には、見たこともないほど多くのホタルが集まり、蛍合戦を繰り広げていた。

涼《りょう》を求《もと》める

涼しさを求める。涼しい所に行ったり、冷たいものを飲食したりする。
＊京都の料理店では渓流の上に川床《かわどこ》が組まれ、涼を求めに来た人々で賑わっていた。

緑陰《りょくいん》

青葉の茂った木々が作る涼しい陰。俳句では「夏木陰」「翠陰《すいいん》」とも。
＊避暑地では松林にハンモックをつるして緑陰に憩い、読書にふける日々を過ごした。

涼《すず》やか

涼しさを感じさせる様子。風景などのほか、人の顔かたちにも言う。
＊森の中に入ると、街の暑さがうそのようで、目の前には涼やかな水辺の景色が広がっていた。

万緑《ばんりょく》

いちめんに茂った夏の草木。中村草田男《くさたお》の句「万緑の中や吾子《あこ》の歯生え初《そ》むる」で知られる。
＊万緑に囲まれた山荘でバーベキューをして、思う存分夏を満喫した。

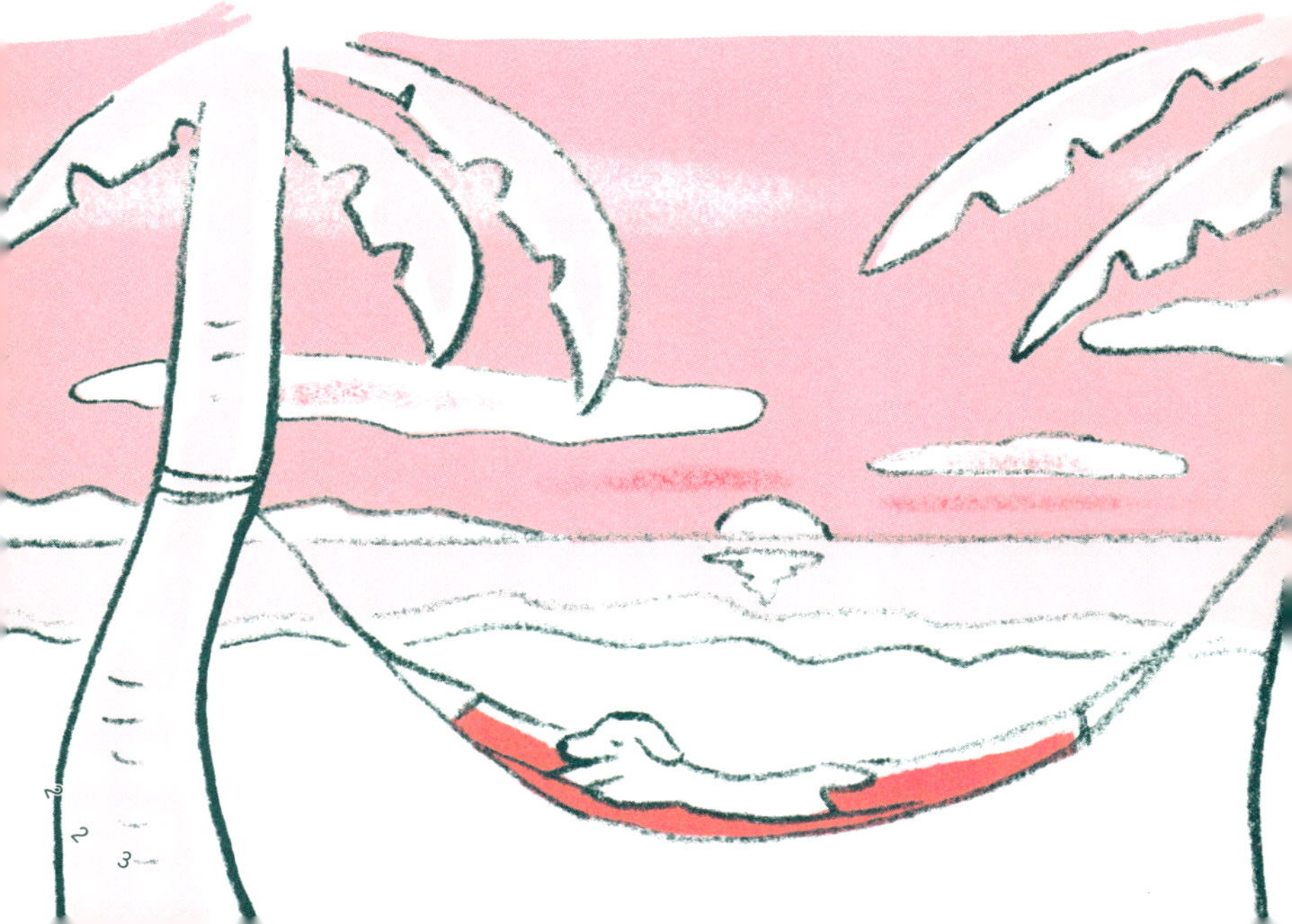

季節・情景の様子

秋

アキ〈1〉

すがすがしい

空気がさわやかで気持ちがいい。秋や早朝などにふさわしい表現。

＊荒々しい台風のような昨夜の風は収まり、田園地帯にはすがすがしい微風が吹き抜けていた。

刻《こく》露《ろ》清《せい》秀《しゅう》

葉が落ちて山肌が現れ、空気が澄んで眺めがいい様子。秋のすがすがしい景色の描写。

＊遠くの山を見渡すと、まさに刻露清秀、絵に描きたいような眺めだ。

過《す》ごしやすい

暑くも寒くもなく快適だ。どの季節にも使えるが、特に秋に多い表現。

＊猛暑が収まり、朝晩過ごしやすい季節になったが、それにしては勉強がはかどらない。

新《しん》涼《りょう》

初秋の新鮮で涼しい空気。手紙の挨拶文で「新涼の候」などと使う。

＊新涼のみぎり、いかがお過ごしですか。そろそろどこかへ遠出がしたくなるこの頃です。

爽《さわ》やか

空気が冷たくて気持ちがいい様子。どの季節にも使えるが、秋の季語。

＊早朝に谷間の小道を散歩していると、爽やかな秋風が木々を渡って吹いて来るのだった。

釣《つる》瓶《べ》落《お》とし

秋の日没が早い様子。井戸につるべのおけを一気に落とすような速さ。

＊映画の撮影は遅れていたが、秋の日はつるべ落としで、ロケに使える時間は限られていた。

夜長《よなが》

夜が長いこと。特に、しみじみと過ごす秋の夜に使うことが多い。長夜。

＊久し振りにワインのボトルを開け、懐かしいポップスを聴きつつ、秋の夜長を夫婦で楽しんだ。

灯火親《とうかした》しむ

読書の明かりに親しむということで、秋の夜長に本を読む描写。

＊灯火親しむべき秋になったと言って、本好きの少女はますます読書の時間が長くなった。

季節・情景の様子

秋

アキ〈2〉

秋冷《しゅうれい》

秋の季節の冷ややかさ。手紙の挨拶文で「秋冷の候」などと使う。

＊秋冷の頃になると、月はますます冴え、草むらにすだく虫の声はいっそう際立ってきた。

錦秋《きんしゅう》

紅葉が錦の織物のように美しい秋。手紙で「錦秋の候」などと使う。

＊頂上からは赤や黄色にあやなされた錦秋の山並みが見渡され、写真家は心を奪われた。

露《つゆ》が置《お》く

草花などに露が生じる。露は秋のもので、「置く」はみやびな言い方。

＊朝早く起き、庭の秋萩《あきはぎ》の上に白い露が置いているのを見るたび、若君は恋人のことを思った。

紅葉《もみじ》の帳《とばり》

一面に美しく紅葉した情景を、とばり（垂らした布）にたとえた言い方。

＊周囲の山々には、学生時代に旅した時と同じように、すっかり紅葉のとばりが下りていた。

裾《すそ》模《も》様《よう》

着物のすそのほうにつけた模様。紅葉の美しさをたとえることがある。

＊山麓は冷え込む日が続いたせいだろうか、まさしく裾模様のように鮮やかな紅葉が見られた。

菊《きく》日和《びより》

秋、菊が咲く頃のいい天気。十月下旬から十一月初旬頃の晴れた日。

＊穏やかな菊日和の昼下がり、澄んだ空にモズのキイキイという声がこだましていた。

秋《あき》日和《びより》

秋らしくよく晴れた日。空は澄んで、風もなく、穏やかな日。

＊運動会の日は、これまでの曇り空がうそのような秋日和で、児童たちは朝からはしゃいでいた。

十日《とおか》の菊《きく》

旧暦九月九日の節句を過ぎた菊。時機遅れのことを「六日のあやめ、十日の菊」と言う。

＊菊花展はもう最終日で、それこそ十日の菊だったが、十分に楽しめた。

季節・情景の様子

冬

フユ〈1〉

冬将軍《ふゆしょうぐん》

冬の厳寒のたとえ。ナポレオンもロシア遠征で冬将軍に苦しんだ。

＊入試当日は厳しい冬将軍が到来し、受験生たちは重装備の厚着で試験会場に向かった。

きっぱり

高村光太郎の詩「冬が来た」にある冬の到来の表現。「刃物のような冬が来た」という表現も。

＊ポプラの木はすべて葉を落とし、やがてきっぱりと冬が来た。

ぴんと

糸などがたるみなく張った様子で、緊張した冬の空気の形容にも使う。

＊深夜の暗い街角に立つと、ぴんと張りつめた冷たい空気が頬を切るように感じられた。

澄明《ちょうめい》

澄み切って明るい様子。秋から冬の空気や空、日光などにふさわしい。

＊雪道を歩く郵便配達員の吐く息は、澄明な大気の中に白く浮かび上がって見えた。

冷澄《れいちょう》

冷たく澄み切った様子。空気・水などに使う。かなり硬い語感の言葉。
＊荒涼とした野原を覆う冷澄な空気をつんざいて、遠くから機関車の汽笛が響いてきた。

冬籠《ふゆご》もる

冬になり、家にこもる。古語。現代でも名詞形「冬籠もり」を使う。
＊雪に包まれた山里に冬ごもる日々の中で、姫は都のことが思い出されてならなかった。

霜《しも》が降《お》りる

草木や地面に霜が広がる。晩秋から冬の寒い朝の情景。「霜が置く」とも。
＊朝早く起きて表に出てみると、畑には一面に霜が降りて、朝日を反射して輝いていた。

小《こ》春《はる》日和《びより》

晩秋から冬の、よく晴れて春のように暖かい日より。春には使わない。
＊ハイキングの日は小春日和に恵まれ、展望台からは遠くの連山がくっきりと眺められた。

冬

フユ〈2〉

日《ひ》短《みじか》

冬の昼間が短い様子。「短日（たんじつ・みじかび）」とも言う。

＊ちょうど十二月下旬の日短の頃で、午後の仕事を片づけているうちに夕暮れになってきた。

暮《く》れ早《はや》い

冬になって、日暮れが早い。「暮れ早し」の形で俳句でも使う。

＊冬の空は暮れ早く、すでに大通りは暗さを増して、両側の店々の灯が輝きだしていた。

冬《ふゆ》枯《が》れ

冬になって草木が枯れること。また、そのような冬の寂しい眺め。

＊公園の雪は間もなくやんで、雲間から差す夕日の光線が、冬枯れの雑草をきらめかせた。

風《かざ》花《ばな》

風に運ばれ、花びらのようにちらつく雪。晴天でも見られる。かざはな。

＊昨夜の雪でホテルの周りはすっかり銀世界に変わり、舞い上がる風花が頰に当たった。

冬《ふゆ》ざれ

「冬枯れ」の寂しさを強調した言葉。「冬さる」（冬になる）の変化。

＊草木の緑の鮮やかさも失われた冬ざれの名園に、ただ赤いツバキだけが美しく咲いている。

はだれ

はらはらと雪が降る様子。古い擬態語。「はだら」「ほどろ」とも言う。

＊花びらのような淡雪がはだれに降る中、早く恋人に会いたいと、若い男は足を速めた。

しんしん

静かに雪が降る（または夜が更ける）様子。冷え込む様子にも言う。
＊賑やかな街を離れ、初めて独りで過ごす大晦日の夜は、しんしんと静かに更けていった。

皚々《がいがい》

雪や霜がいちめんに白く見える様子。多くは「白《はく》皚々」の形で使う。
＊登山隊は、白皚々たる雪原の中を、足音も立てず一歩一歩踏みしめながら進んで行った。

季節・情景の様子

暖かい

アタタカイ

暖《あたた》かい

気温がほどよく高くて心地よい。服や布団にも使う。「温かい」は物や気持ちの場合に使う。
＊寒い日は、暖かい部屋の中で温かいココアを飲むのが最高の楽しみだ。

ぽかぽか

暖かく心地よい様子。ご飯などに使う「ほかほか」とも関係がある。
＊遠足の日は穏やかな秋空だったが、ぽかぽかした陽気のせいで、歩くうちに汗ばんできた。

生《なま》暖《あたた》かい

空気が中途半端に暖かく気持ち悪い。物の場合は「生温かい」と書く。
＊木枯らしがなま暖かい風に変わったかと思うと、侍の前には白い着物を着た女が現れた。

ぬくぬく

暖かい空気・服などに包まれて心地よい様子。また、楽な生活の様子。
＊寒さに震えながら長時間待って乗った列車は、暖房が効いてぬくぬくしていた。

ぬくとい

暖かい。中部・関東地方などで使われる言葉で、「ぬくい」と同語源。
＊田んぼのあぜ道であちこちにツクシが顔を出し、ようやくぬくとい春が来ようとしている。

煦々《くく》

日差しが暖かい様子。「煦」は太陽が温める意味。漢文調の言葉。
＊昨夜来の雨は上がり、芽吹いたばかりの木々の周囲には煦々たる春光があふれていた。

温暖《おんだん》

暑くも寒くもなく過ごしやすい様子。ただし「地球温暖化」は環境問題。
＊瀬戸内地方は温暖な気候に恵まれ、ミカンやオリーブなどの栽培で全国に知られている。

温和《おんわ》

「温暖」に同じ。ただし、むしろ人柄が穏やかな様子を言うことが多い。
＊県内は気象条件が温和で、自然にも恵まれているせいか、善良で穏やかな人が多い。

季節・情景の様子

暑い《アツイ》

炎暑《えんしょ》

炎のような厳しい暑さ。夏に使うが、砂漠や熱帯などでは夏に限らない。
＊耐えがたい炎暑の中、ポロシャツ姿の訪問販売員が汗を拭きながら住宅地を回っていた。

猛暑《もうしょ》

猛烈に厳しい暑さ。「炎暑」を上回る語感。「猛暑日」は一日の最高気温が三十五度以上の日。
＊猛暑の中行われた夏期講習は、生徒の三分の一しか出席しなかった。

酷暑《こくしょ》

残酷なほど厳しい暑さ。「猛暑」を上回る語感。気象用語ではない。
＊駐在員は体力に自信があったが、その国の想像以上の酷暑にすっかり体調を崩してしまった。

炎《えん》天《てん》下《か》

燃えるように暑い夏の空の下。「炎天下のもと」はくどい言い方になる。
＊炎天下の球場で演奏を続けた吹奏楽部員たちの中からは、体調不良を訴える者が続出した。

うだるよう

暑さでのぼせる様子。「うだる」は「ゆでた状態になる」の意味。
＊街路を行き交う人々は誰もが顔を上気させ、うだるような暑さに耐えながら歩いていた。

焼《や》け付《つ》くよう

焼けてくっついてしまうかのよう。日差しが強く照りつける様子。
＊焼けつくような太陽の下、レガッタの選手たちは、水しぶきを飛ばしながらオールをこいだ。

じりじり

地面や身体を焦がすかと思うほど、日差しが強く照りつける様子。
＊広い野道を行くキャンプの一行に、真夏の太陽がじりじりと強烈な光線を浴びせ続けた。

むんむん

熱気・においなどが立ちこめる様子。「もわっと」は煙・湯気にも使う。
＊同人誌の即売会には大勢の参加者が詰めかけ、会場はむんむんする熱気でいっぱいだった。

寒い

サムイ

薄《うす》ら寒《さむ》い

うっすらと寒い。何だか寒い。また、寒々とした気持ちになる。

＊ベッドから起き出して眺めると、窓の外は薄ら寒く曇って、出勤前の気持ちを沈ませる。

うそ寒《さむ》い

何だか寒い（気持ちになる）。秋の季語。「うそ」は「何だか」の意味。

＊船が港に着く頃、晩秋の太陽はすでに傾き、水平線の近くでうそ寒い光を放っていた。

極《ごっ》寒《かん》

きわめて寒いこと。酷寒。「極寒の地」のように場所を表すことが多い。

＊極寒のシベリアに生きるオオカミの群れは、食糧を求め、何日も長い距離を移動していた。

凍《い》て付《つ》く

凍りつく（ように寒い）。「いてる」は「凍る」の意味の古語・方言。

＊大晦日の深夜、スキー場の若者たちは凍てつく空気の中で新年のカウントダウンを待った。

凍《い》て返《かえ》る

暖かくなった春先にまた寒くなる。また、寒さですっかり凍る。

＊人通りの少ない、凍て返った街を歩いていると、ヒールの音がいやに響いて聞こえた。

しばれる

凍りつくほど寒さが厳しく感じられる。東北・北海道地方の方言。

＊自分から引き受けたが、しばれる寒さの中で雪かきをするのは、小学生にとって辛かった。

底冷《そこび》え

体が心底まで冷える（ほど寒い）こと。「底冷えがする」の形で使う。

＊長屋の女性たちは、冬でも朝から底冷えのする洗い場に出て、冷たい水で洗濯をした。

寒空《さむぞら》

寒々とした空や天候。「寒空の下《した》」「寒空の中」と使うことが多い。

＊こんな寒空の下、震えながらアイドルの出待ちをしているファンたちの熱意には頭が下がる。

季節・情景の様子

晴れ

ハレ

快晴《かいせい》

雲もなく、気持ちよく晴れた天気。気象用語では雲の割合が0から1。

＊風は少し冷たいが、空は目にしみるような快晴で、デートの天気としては申し分なかった。

晴朗《せいろう》

よく晴れて雲がない様子。「天気晴朗」の形で使うことが多い。

＊調査船が出航した日は波こそ高かったが、まさしく天気晴朗で、乗船者たちは上機嫌だった。

雲《くも》一《ひと》つない

空がよく晴れている。「雲一つ見えない」「雲の切れ端もない」とも。

＊トンビは観光客が落としたチキンをくわえると、雲一つない空へ悠々と飛んで行った。

抜《ぬ》けるよう

空が透き通るほど晴れた様子。突き抜けるように澄んだ様子。

＊山頂を覆っていた霧が晴れると、後には抜けるような青空が広がり、登山者は歓声を上げた。

日本《にほん》晴《ば》れ

雲一つなく晴れていること。「日本らしい、見事な晴れ」という意味。

＊決勝戦の日は胸がすくほど気持ちのいい日本晴れで、選手たちのテンションは上がっていた。

五月《さつき》晴《ば》れ

五月のよく晴れた空。ごがつばれ。本来は梅雨の晴れ間を言った。

＊連休の最終日はすがすがしい五月晴れとなり、夫婦は湾内クルーズを大いに楽しんだ。

ピーカン

よく晴れた様子。もと映画用語で「ピーッと晴れたカンカン照り」から。
＊野外ダンスシーンの撮影当日はピーカンの青空に恵まれ、最高の映像を撮ることができた。

日和《ひより》

何かをするのに適した、いい天気。「○○日和《びより》」の形で使うことも多い。
＊心配された台風も無事に過ぎ去り、週末は見事に晴れて、絶好の行楽日和となった。

季節・情景の様子

風《カゼ》

そよとも

後に否定を伴って、風が少しも（そよそよとも）吹かない様子を表す。

＊人影のない広場には強い日差しが照りつけて、木々の葉はそよとも動かなかった。

戦《そよ》ぐ

風が木の葉などをそよそよと揺らして吹く。また、そよそよと揺れる。

＊子どもたちが遊ぶ川の浅瀬には、森のそよぐ音が心地よい涼しさを絶えず運んで来た。

頬《ほお》を撫《な》でる

風が優しく頬に触れる。「頬をかすめる」「頬を打つ」はより強い印象。

＊やわらかな風が頬をなでるのを感じながら、二人で手をつないでお花畑を歩いて行った。

松籟《しょうらい》

松の葉をそよがせる風の音。「籟」は響きの意味。「松韻」とも言う。

＊海岸のカフェテラスで、松籟の伴奏を聴きつつ、作家はパソコンの原稿に向かっていた。

煽《あお》り立《た》てる

風が激しくあおる（＝揺り動かす）。人をそそのかす場合にも使う。＊暗闇にともしたロウソクの火は、すきま風が吹くたびにあおり立てられて消えそうになった。

木《こ》立《だち》を鳴《な》らす

木立を揺らしてざわざわと音を立てる。強い風が吹くときの表現。＊突然暗くなったかと思うと、猛烈な嵐が木立を鳴らし、土煙を巻き上げて、周囲を一変させた。

吹《ふ》き荒《すさ》ぶ

風が激しく吹き荒れる。「すさぶ」には勢いに任せるという意味がある。＊レスキュー隊は漂流者を助けるため、強風が吹きすさぶ荒海の中へ救命艇を進めた。

どっどど

強い風の様子。宮沢賢治「風の又三郎」の表現。「…どどうど　どどうど　どどう」と続く。＊山々を吹き抜ける強風は、まさしく「どっどど　どどうど」と聞こえる。

季節・情景の様子

雨・雪

アメ・ユキ〈1〉

小止《おや》み無《な》い

雨・雪などが、少しもやむ時がない。こやみない。「小止み」は小休止。
＊日本海側の雪は一週間以上も小やみなく降り続き、実に十年ぶりという大雪になった。

降《ふ》り頻《しき》る

雨・雪などが絶え間なく降る。「しきる」はひっきりなしにするの意。
＊ラグビーの予選は、降りしきる雨とぬかるんだグラウンドという最悪の条件の中で行われた。

降《ふ》り込《こ》める

雨・雪などが長い間ひどく降って、外出できない状態にする。
＊湖畔の別荘地で何日も雨に降り込められた客たちは、退屈しのぎに怪談話をするようになった。

催《もよ》い

今にも降り出しそうなこと。「雨もよい」のように下につけて使う。
＊車窓からはるかに眺める連山の上には、北国らしい雪もよいの暗い空が広がっている。

横《よこ》殴《なぐ》り

風が、時に雨・雪などをともなって、横から強く吹きつけること。
＊横殴りの強風と雨の中、予定より数時間遅れて、最後の便が空港を飛び立って行った。

降《ふ》りみ降《ふ》らずみ

降ったりやんだり、の意味。多く雨の場合に使うが、雪の例もある。
＊旅に出たのはちょうど天気がはっきりしない冬の初めで、降りみ降らずみの雨が続いていた。

お湿《しめ》り

晴天の後の、適度な量の雨。「いいお湿りですね」という挨拶もある。
＊晴れ続きで大地が乾燥していたので、今朝の久しぶりの雨はちょうどいいお湿りとなった。

蕭々《しょうしょう》

風雨などの寂しい音の様子。なお、「瀟々《しょうしょう》」は風雨が激しい様子。
＊ビルの屋上に出ると、雨はなおも蕭々と降っていて、眼下の街も白くかすんで見えた。

雨・雪

アメ・ユキ〈2〉

はらはら

雨・雪などが軽く静かに落ちる様子。葉や花、涙などにも使う。

＊窓ガラスが軽く音を立てるのに気づいて外を見ると、小雨がはらはらと落ちかかっていた。

こんこん

ゆっくり降る様子。雪に使うイメージが強いが、雨などの例もある。

＊数日の間こんこんと降り続いた雨は、田畑の土にたっぷりと潤いをもたらしていた。

霏々《ひひ》

雪・雨などがしきりに降る様子。「霏」は雪や雲の飛ぶ様子を表す漢字。

＊雪は夜の間に霏々と降り続き、翌朝には都会のすべてを白一色に覆い尽くしていた。

納豆《なっとう》の糸《いと》のよう

細く降る雨の様子。小林多喜二「蟹工船」に使われている有名な描写。

＊古びた商店街には、朝から納豆の糸のような細い雨が降っていて、客の出足も悪かった。

天《てん》の底《そこ》が抜《ぬ》けたよう

空にたまった水が一気に降ってくるかのような、激しい雨の描写。

＊学校帰りの児童たちは、突然、まるで天の底が抜けたような猛烈などしゃ降りに見舞われた。

「季語」でなくても

季節感は表せる

姉妹版『気持ちを表すことばの辞典』では、季節のことばとして、俳句に使う「季語」を主に載せました。一方、本書では、季語以外にも季節感を表すことばを取り上げました。

季語には「打ち水」(夏)、「木枯らし」(冬)のように昔ながらの季節感を表すものもあれば、「サーフィン」(夏)、「セーター」(冬)など現代感覚を反映したものもあります。季語は一般に思われているよりも自由なのです。

本書は「様子を描くことば」を集めています。「打ち水」「サーフィン」などの名詞は「様子」とは言いにくいため、残念ながら本書には収録していません。一方、「雲の峰」(p.220)や「冬枯れ」(p.230)など季節の様子をうまく捉えた季語は選びました。

季語でなくても季節感を表すことばは多くあります。たとえば「値千金」(p.216)。「春宵一刻値千金」という文句を思い浮かべれば、春の宵の価値を褒めるイメージが浮かびます。

あるいは、「きっぱり」(p.228)。要求を断るときにも使いますが、高村光太郎の詩の「きっぱりと冬が来た」という有名な一節を踏まえれば、冬の描写に使うことができます。

「過ごしやすい」(p.224)は季節を問わないと思われそうですが、用例の数からは、秋に使われることが多いのです。「朝晩涼しくなって過ごしやすい」などとよく使います。

季節感を表すことばは身近なところにあります。注意していると、何気ないことばに季節感が宿っていることに気づくはずです。

様子を描くときの

ことば選びの観点

体験を文章にするとき、自分の行動は詳しく述べても、周囲の景色、人々の様子などを説明し忘れてしまうことがあります。自分が見聞きしたものの様子を過不足なく描くことが、体験を読者に伝える基本です。

様子を描くためには、適切なことばを選ぶことが重要です。ことば選びの際、どこに注意するといいか、４つの観点を紹介します。これまでのコラムの復習にもなるでしょう。

(1)中立的な表現か評価を含む表現か

郊外を気ままに散歩していたところ、ある古い一軒家に遭遇しました。あなたなら、この家の古さをどう描くでしょうか。

「古い」は最も中立的な表現です。一方、「古くさい」と言えば「時代遅れだ」というマイナスの評価が加わります。また、「古めかしい」はマイナス評価にもなりますが、「重々しく感じる」というプラスの評価にもなります。中立的に描くか、自分なりの評価を加えるかによって、表現が変わってきます。

(2)時間的な要素を加えるかどうか

「古い」「古くさい」「古めかしい」などの表現には、時間的な要素がありません。写真のように瞬間を切り取ります。一方、「古びた家」と言うと、「昔は新しかったが、時間を経て古くなった」という感じがあります。「古びた」「朽ち果てた」「色あせた」などは、動画のように時間の流れを表現します。

時間を感じさせない描写、時間の流れを含む描写、それぞれに効果があります。どちらが適切かは、その文章によります。

(3)命あるもののように描写するか

非常に古い家が、まだ崩れずにいる様子を描いてみます。「まだ形を保っていた」ではなく「まだ持ちこたえていた」と書けば、柱などが必死に重量に耐えている感じがします。「持ちこたえる」は人に使うことも多いので、家が命あるもののように描写されるのです。

一方、「頭上にトンビが飛んでいた」ではなく「頭上にトンビの姿があった」と書けば、トンビが景色の一部のようになります。命なきもののように描写されるのです。

(4)やさしいことばか硬いことばか

「古い二階家」の代わりに「古色蒼然《こしょくそうぜん》たる二階家」と表現すると、立派で伝統的な建物という感じがします。「古色蒼然」(古そうな様子)は「古い」に比べて硬いことばです。

文章を読者に伝えるためには、やさしいことばを使うのが基本です。一方、文章に引き締まった印象を与えたい場合もあります。硬いことばはそのために役立ちます。ただし、前後の文脈を工夫し、読者に意味が十分伝わるように配慮することが必要です。

様子を描くためには、必ずしも多くのことばを知っている必要はありません。それよりもまず、それぞれのことばの性質を感じ取るセンスを磨くべきです。ことばの性質が理解できれば、それらを適材適所に使い、様子を生き生きと描けるようになるでしょう。

五十音順さくいん

著者　飯間浩明（いいま ひろあき）

国語辞典編纂者。1967年、香川県生まれ。早稲田大学第一文学部卒。同大学院博士課程単位取得。『三省堂国語辞典』の編集委員を第6版より務める。国語辞典編纂のために、活字や放送、インターネット、街の中などから現代語の用例を採集している。著書に『知っておくと役立つ 街の変な日本語』（朝日新聞出版）、『日本語をつかまえろ！』（毎日新聞出版）、『つまずきやすい日本語』（NHK出版）、『日本語はこわくない』（PHP研究所）ほか多数。

イラスト　252％

本書に関するお問い合わせは、書名・発行日・該当ページを明記の上、下記のいずれかの方法にてお送りください。電話でのお問い合わせはお受けしておりません。

- ナツメ社Webサイトの問い合わせフォーム（https://www.natsume.co.jp/contact）
- FAX（03-3291-1305）
- 郵送（下記、ナツメ出版企画株式会社宛て）

なお、回答までに日にちをいただく場合があります。正誤のお問い合わせ以外の書籍内容に関する解説・個別の相談は行っておりません。あらかじめご了承ください。

様《よう》子《す》を描《えが》くことばの辞《じ》典《てん》

2025年4月2日　初版発行

著　者　飯《いい》間《ま》浩《ひろ》明《あき》　©Iima Hiroaki,2025
発行者　田村正隆

発行所　株式会社ナツメ社
東京都千代田区神田神保町1-52 ナツメ社ビル1F（〒101-0051）
電話 03-3291-1257（代表）　FAX 03-3291-5761
振替 00130-1-58661

制　作　ナツメ出版企画株式会社
東京都千代田区神田神保町1-52 ナツメ社ビル3F（〒101-0051）
電話 03-3295-3921（代表）

印刷所　ラン印刷社

ISBN978-4-8163-7680-1　Printed in Japan
〈定価はカバーに表示してあります〉〈落丁・乱丁本はお取り替えいたします〉